Laboratório litúrgico

Coleção CELEBRAR E VIVER A FÉ

- *Laboratório litúrgico*: pela inteireza do ser na vivência ritual – Luiz Eduardo Pinheiro Baronto
- *Viver a ritualidade litúrgica como momento histórico da salvação*: participação litúrgica segundo a *Sacrosanctum Concilium* – Valeriano Santos Costa

Luiz Eduardo Pinheiro Baronto

LABORATÓRIO LITÚRGICO

Pela inteireza do ser na vivência ritual

Dados Internacionais de Catalogação na Publicação (CIP)
(Câmara Brasileira do Livro, SP, Brasil)

Baronto, Luiz Eduardo Pinheiro
    Laboratório litúrgico : pela inteireza do ser na vivência ritual / Luiz Eduardo Pinheiro Baronto. — São Paulo : Paulinas, 2006. — (Coleção celebrar e viver a fé)

    Bibliografia.
    ISBN 85-356-1763-9

    1. Holismo 2. Igreja Católica - Liturgia 3. Liturgia - Estudo e ensino 4. Lubienska de Lenval, Hélène 5. Psicodrama 6. Ritos e cerimônias 7. Rituais I. Título. II. Série.

06-2379   CDD-264.02

Índice para catálogo sistemático:
1. Laboratório litúrgico : Vivência ritual :
Igreja Católica : Cristianismo   264.02

Direção-geral: Flávia Reginatto
Editores responsáveis: Vera Ivanise Bombonatto
e Antonio Francisco Lelo
Copidesque: Cirano Dias Pelin
Coordenação de revisão: Andréia Schweitzer
Revisão: Leonilda Menossi e Marina Mendonça
Direção de arte: Irma Cipriani
Gerente de produção: Felício Calegaro Neto
Capa e editoração eletrônica: Cristina Nogueira da Silva

Nenhuma parte desta obra poderá ser reproduzida ou transmitida por qualquer forma e/ou quaisquer meios (eletrônico ou mecânico, incluindo fotocópia e gravação) ou arquivada em qualquer sistema ou banco de dados sem permissão escrita da Editora. Direitos reservados.

Paulinas
Rua Pedro de Toledo, 164
04039-000 – São Paulo – SP (Brasil)
Tel.: (11) 2125-3549 – Fax: (11) 2125-3548
http://www.paulinas.org.br – editora@paulinas.org.br
Telemarketing e SAC: 0800-7010081
© Pia Sociedade Filhas de São Paulo – São Paulo, 2006

*Que a beleza que amamos
seja o que fazemos.
Há centenas de maneiras
de ajoelhar-se e beijar o chão.*
RÛMI

É a pessoa humana toda que deve ser salva.
É, portanto, o homem considerado
em sua unidade e totalidade,
corpo e alma, coração e consciência,
inteligência e vontade.
GAUDIUM ET SPES, N. 3

*Para ser grande, sê inteiro;
nada teu exagera ou exclui.
Sê todas as coisas.
Põe quanto és no mínimo que fazes.
Assim em cada lago a lua toda brilha,
porque alta vive.*
FERNANDO PESSOA

Ao padre *Raimundo Ricardo Sobrinho*,
por ter sido sempre para mim
um testemunho de inteireza.

Ao *Prof. Dr. Ferdinand Röhr*,
pelo exemplo de educador
e por sua incontestável sabedoria
e capacidade de diálogo.

À querida *Ione Buyst*,
por ter acreditado neste projeto
e por sua indispensável colaboração.

Sumário

Apresentação 11

Introdução 13

Capítulo I: Laboratório litúrgico 21
    Histórico 21
    Objetivos 24
    Conceito 25
    Estrutura 27
    Exemplos práticos de duas sessões de laboratório litúrgico 32
    Fundamentação 44
    Aplicação 47
    Avaliação 49

Capítulo II: Pedagogia religiosa de Lubienska 53
    Fundamentos filosóficos 55
    Fundamentos pedagógicos 71
    Proposta de educação para a ritualidade em Lubienska 78
    Proposta pedagógico-religiosa de Lubienska
    e laboratório litúrgico 85

Capítulo III: Psicodrama 89
    Criador do psicodrama 89
    Conceito de psicodrama 91
    Principais conceitos e teorias psicodramáticas 93
    Fundamentos filosóficos 100
    Contexto e elementos necessários do psicodrama 112
    Etapas da sessão psicodramática 115
    As várias técnicas psicodramáticas 116
    Psicodrama pedagógico 118
    Psicodrama e laboratório litúrgico 124

Capítulo IV: Visão holística 131
    Fundamentos históricos 131
    Fundamentos filosóficos 135
    Fundamentos e implicações pedagógicos 143
    Contribuições da visão holística
    para o laboratório litúrgico 154

Conclusão 159

Bibliografia 163

Apresentação

O presente escrito de Luiz Eduardo Pinheiro Baronto vem preencher uma lacuna. Cava nos alicerces, analisa com muita propriedade três dos pilares teóricos que de algum modo dão suporte ao que convencionamos chamar de "laboratório litúrgico": a pedagogia religiosa de Hélène Lubienska de Lenval, o psicodrama e a visão holística.

O laboratório litúrgico foi criado por uma pequena equipe, em São Paulo, no ano de 1988, como uma técnica na formação litúrgica de responsáveis pelas práticas rituais das comunidades cristãs. Tudo começou com uma dupla insatisfação: com a prática ritual (ou seja, com as celebrações litúrgicas de modo geral) e com a nossa maneira de ensinar liturgia, principalmente nos cursos de atualização na faculdade de teologia. Nas celebrações, incomodava-nos o verbalismo, o racionalismo, o formalismo, a falta de mística... Em nosso trabalho na faculdade, percebíamos claramente que nossas aulas (teóricas, expositivas) não levavam a uma mudança na maneira de nossos alunos celebrarem.

A insatisfação levou à busca; da busca brotou o audacioso projeto de um curso de conscientização do corpo na liturgia e na elaboração e execução do projeto foi nascendo, pouco a pouco, o esboço dos laboratórios.

Não partimos de uma teoria existente, não elaboramos nova teoria para aplicá-la na prática. Partimos do dado litúrgico e da observação da prática celebrativa: liturgia é ação ritual (realizada com o "corpo"), como expressão simbólico-sacramental de uma visão (no caso, cristã) do mundo, banhada numa relação "de coração", de comunhão com o Transcendente, por Jesus Cristo, no Espírito Santo. Era preciso trabalhar essas três dimensões, porém, não como realidades estanques, e sim em sua unidade.

Na premência do curto prazo que tínhamos para preparar o curso, as três pessoas que geraram o projeto em equipe interdisciplinar — Dorothy Lenner, Domingos Ormonde e eu mesma —, deixamo-nos guiar pela intuição e por nossas experiências diversificadas com prática celebrativa, formação teológica e litúrgica, leitura orante, oração de Jesus, contatos com o método Montessori, com os escritos de Hélène Lubienska de Lenval, teatro, teatro-dança, psicodrama, ioga etc. Além disso, compartilhávamos uma sensibilidade e busca espiritual. Neste "húmus", enriquecido depois por muitas outras contribuições, é que nasceu e cresceu o laboratório litúrgico.

Luiz Eduardo foi uma das pessoas que passou pela experiência do laboratório litúrgico no curso de atualização e, desde o início, percebeu a importância desta técnica na formação litúrgica. Não somente utilizou a técnica em sua própria prática, como se tornou um estudioso dela, oferecendo a todos(as) nós, agora, o primeiro fruto de suas pesquisas. Seu trabalho revela a profundidade das raízes do laboratório litúrgico e incita a um tríplice aprimoramento: da prática do laboratório litúrgico, da formação de pedagogos(as) litúrgicos(as) no uso desta técnica, do estudo destas e de outras de suas bases teóricas. Tanto os entusiastas do laboratório litúrgico como os céticos e críticos encontrarão neste livro um referencial teórico sério, assim como elementos para aprofundamento e avaliação.

Possa este livro ajudar na instauração de uma pedagogia litúrgica inovadora (com possibilidade de ser aplicada desde a pequena comunidade de base até a faculdade), a serviço de uma prática ritual litúrgica envolvente, participativa, orante, mística, profética, eticamente compromissada, em todo o país e quiçá também fora dele. Possa levar, ainda, à (re)descoberta do prazer de celebrar e de perceber que a vivência ritual, em qualquer tradição, é caminho provado para levar-nos à inteireza do ser.

Ione Buyst

Introdução

No final dos anos 1980, um grupo de liturgistas ligado ao Centro de Liturgia da Faculdade Nossa Senhora da Assunção, em São Paulo, criou e desenvolveu uma técnica de ensino da liturgia designada "laboratório litúrgico".

Desde o início de sua concepção, o laboratório litúrgico constituiu-se numa técnica que assumia elementos de duas fontes básicas: a pedagogia religiosa de Hélène Lubienska de Lenval e os métodos psicodramáticos de Jacob Levy Moreno. Num posterior aprimoramento da experiência, a visão holística também serviu de base para a ressignificação da proposta. Tudo foi acontecendo de forma bastante intuitiva, atestam os criadores do laboratório litúrgico. Mesmo assim, eles tinham consciência de que estavam incorporando elementos dessas fontes. Ao longo do tempo, com o uso da técnica, o laboratório litúrgico foi exigindo um trabalho de sistematização que esclarecesse a influência de cada uma das fontes.

Este livro, originalmente uma dissertação de mestrado, visa responder à exigência de sistematização, através do trabalho de conceituação, descrição, identificação dos elementos e do processo que compõem o laboratório litúrgico.

Para tanto, sistematizará as contribuições da pedagogia de Hélène Lubienska de Lenval, do psicodrama e da educação holística para a elaboração e estruturação da técnica do laboratório litúrgico utilizada na disciplina de liturgia em vista da educação para a ritualidade.

Conceito de liturgia

O termo "liturgia" designa uma ação sagrada, através da qual, pelo rito, a experiência religiosa de uma comunidade é expressa. Portanto, é "ação sagrada": e "ação" não em sentido apenas externo, mas voltada ao Transcendente, ao sagrado. A expressão "através da qual" qualifica-a como um meio, ou seja, ela tem natureza instrumental. O termo "pelo rito" indica que essa experiência se expressa através de determinadas palavras, ações e gestos simbólicos (cf. Marsili, 1992, p. 644). A ritualidade, por sua vez, consistiria na propriedade dos atos humanos que, realizados de forma repetida, simbolizam as realidades transcendentes. Na pesquisa proposta, assumimos esse conceito aplicado à liturgia cristã.

Utilizando a classificação de Corbon (1981), ao se falar de liturgia pode-se estabelecer a seguinte divisão: a liturgia realizada pelo próprio Deus (Deus age em favor do seu povo); a liturgia celebrada (a celebração litúrgica) e a liturgia vivida pela comunidade humana (todo trabalho, toda ação humana que de alguma forma continua a obra e a ação de Deus). Além disso, a liturgia pode, ainda, ser conceituada como ciência que estuda o sentido da liturgia, as práticas celebrativas e as vivências litúrgicas.

Assumimos, aqui, o conceito de liturgia enquanto celebração, isto é, ação ritual, realizada com palavras e sinais sensíveis por uma comunidade religiosa. O enfoque é direcionado ao ensino da liturgia inserida no quadro de disciplinas dos cursos de teologia em institutos confessionais católicos, portanto voltado para a comunidade cristã católica. Porém, abre possibilidades de extensão às demais comunidades cristãs, e eventualmente não-cristãs, uma vez que o assunto tratado diz respeito à educação para a ritualidade, de modo geral.

Liturgia e rito

Toda e qualquer religião em ação se manifesta, principalmente, através de seus ritos. Ao definir a religião pelo sobrenatural e misterioso, Durkheim (1980, p. 56) considera os ritos como "regras de conduta que prescrevem como o ser humano deve comportar-se em relação às coisas sagradas". Sendo a experiência religiosa uma experiência social também, o rito consistiria em uma expressão simbólica dos valores fundamentais, unificando as pessoas que realizam a mesma experiência.

A palavra "rito" é aplicada, no senso comum, a qualquer cerimônia ou costume estabelecido que se desenvolve a partir de regras preestabelecidas. O qualificativo "ritual" é utilizado para descrever uma conduta, um dispositivo social repetido e estereotipado (cf. Martín, 1997, p. 178).

O rito pode ser definido, brevemente, como um conjunto de ações ou gestos simbólicos que têm por finalidade expressar celebrativamente, comunicar, expressar ritualmente a fé e levar à participação no acontecimento celebrado. A tudo o que acontece no desenrolar do conjunto de ritos dá-se o nome de "processo ritual". São componentes básicos do rito: a palavra, o gesto, os elementos naturais e culturais, além do espaço, do tempo, da música, do silêncio, dos atores do rito etc.

Há um consenso entre antropólogos e liturgistas: segundo eles, o rito está diretamente ligado à questão dos símbolos. Para Turner (1969, pp. 504-526), o símbolo é a "menor unidade do rito". Portanto, quando se aborda o rito, estamos tratando, em última análise, dos símbolos. "A característica definidora do rito é o simbolismo; e simbolismo envolve, essencialmente, certa espécie de comunicação" (Turner, 1969, pp. 504-526). Os ritos estão diretamente ligados e dependentes da comunicação do sentido dos símbolos. Essa comunicação passa, necessariamente, pelo modo como quem executa o rito se relaciona com o símbolo e manuseia-o.

A representação cultual-ritual da experiência religiosa é um dos elementos importantes na vida de uma comunidade religiosa; e o seu valor é simbólico enquanto ela incorpora significados dados pela própria experiência religiosa e serve de meio para expressar aquilo que se crê. Daí que o caráter de repetição inerente ao rito, quando desprovido de significado para as pessoas que participam, faz dele uma forma simbólica banal e monótona (cf. Dhavamony, 1997, p. 288). O significado teológico de um rito é que dá possibilidade à sua interpretação, ao mesmo tempo que inspira a vitalidade de sua execução.

Por princípio, cada rito supõe uma ação. A ação corporal é, portanto, central para sua realização. Sem ela não há rito, não há ação litúrgica. O espírito expressa-se no corpo. Tal como ressaltado por Gaiarsa (1991, p. 61), "nossas atitudes psicológicas e espirituais têm tudo a ver com nossa postura corporal". E corporal, no sentido pleno, inclui consciência.

Todo ato verdadeiramente humano é um ato consciente. A consciência habita o gesto, portanto o corpo, e por ele se expressa (cf. Buyst, 1995, pp. 89ss.). O corpo fala até mesmo aquilo que somos inconscientemente, possibilitando a consciência daquilo que somos e expressamos.

> O divórcio do sensível com o inteligível rompe com a harmonia da vida humana. Nossa condição corporal é sempre presente. O corpo não é apenas a sede do sensível; é também a do inteligível [...] O ser que pensa é o mesmo ser que sente [...] O inteligível mora no corpo, mas não é livre para se mudar; não pode ser despejado (Freire, 1991, p. 26).

Liturgia e ritualidade

A ação litúrgica, enquanto rito, supõe regras. Regras ligadas à tradição da experiência religiosa; conseqüentemente, são antropológicas, próprias de qualquer ação ritual humana, conforme salientado por Turner (1969, p. 39). Rito é uma ação que tem caráter objetivo. Mas também possui uma dimensão subjetiva, seja em quem o propõe e dirige, seja naqueles que dele participam. A ação ritual é movimento, é um acontecimento. O gesto corporal, com intenção ritual, visa a provocar uma atitude interior.

Na unidade desses três elementos (gesto externo, sentido teológico-litúrgico e atitude interior) é que nasce uma equilibrada expressão ritual. Por conta dela — da unidade — o rito torna-se significativo e denso. Conseqüentemente, no momento em que a expressão ritual se torna apenas "uma questão de sensações físicas e de emoções incontroladas, caímos no domínio das forças irracionais, como as que se encontram no fundamentalismo" (Sahi, 1995, p. 122).

Quando o rito se torna apenas uma questão de comunicação de idéias e formulações abstratas, também aí o caráter espiritual se degenera em dogmatismo e racionalismo.[1]

Desde a Idade Média, a liturgia da Igreja Católica latina foi influenciada por uma concepção de rito que minimizou a compreensão dos gestos e da expressão sensível, dando exclusiva atenção à expressão intelectual. Assim descreve Metzger (1995, p. 392): "Os liturgos contentavam-se com os gestos reduzidos e acanhados, considerando-os significantes para a validade, mas sem se interessarem por seu valor e pela importância da comunicação na celebração".

Com o Concílio Vaticano II (1963-1967), a Igreja Católica redefiniu sua identidade e missão no mundo: revisou seus paradigmas, sua autoconsciência e buscou adequar-se à Modernidade e às novas exigências de uma sociedade que ansiava por uma Igreja que respondesse aos apelos do ser humano moderno, mergulhado em tantos desafios. Beneficiando-se da renovação litúrgica antecipada pelo Movimento Litúrgico, o Concílio aprovou, em 22 de novembro de 1963, a constituição *Sacrosanctum concilium*, sobre a liturgia. Uma das características principais desse documento foi sua insistência com relação à participação dos fiéis na celebração. Agora, não se tratava mais de ir "assistir" ao ato litúrgico; mas de os fiéis serem convidados a participar ativa, frutuosa, plena, externa e internamente de toda celebração litúrgica. Essa exigência suscitou uma preocupação, em alguns teólogos e liturgistas da Igreja, com uma formação litúrgica que respondesse mais adequadamente a essa proposta.

---

[1] Sobre a relação entre razão e emoção, SÉGUY (1977, pp. 73-92) esclarece os conceitos de racional, emocional e orgiasmo e sua relação com a prática litúrgica. Por *racional* o autor refere-se a um estado permanente na orientação da inteligência e da ação para uma meta que os indivíduos ou os grupos se propõem atingir por meios adequados, escolhidos, também eles, em função de sua capacidade suposta de produzir os fins visados (p. 81). A respeito da *emoção*, ele entende ser um estado psicológico passageiro, mas suscetível de ser prolongado e entretido, no qual e pelo qual — sob o efeito de vários estímulos — os indivíduos ou os grupos são levados a agir com uma intensidade maior do que o fazem sem tais estímulos (p. 81). Já com relação ao *orgiasmo*, trata-se do estado paroximísmico, que não apenas leva a agir com intensidade maior, como a emoção, mas com intensidade máxima e com um mínimo de racionalidade. O catolicismo não integrou essa forma máxima de emoção como outros cultos e religiões. A proposta da educação para a ritualidade passa mais pelo equilíbrio da emoção com a razão e o corpo.

Desde então, o grande escopo da formação litúrgica passou a ser, em sentido amplo, aquilo que neste trabalho está sendo definido como "educação para a ritualidade", a qual é entendida como o processo pedagógico que tem por objetivo final a participação ativa, exterior e interior, consciente, plena e frutuosa dos fiéis nas celebrações litúrgicas por meio da ação ritual.[2] Supõe-se que essa educação não deva ocorrer somente no plano intelectual, limitando-se à transmissão de conteúdos. Torna-se necessário educar para a ritualidade, ou seja, envolver a pessoa humana como um todo, em suas várias dimensões: corporal, relacional, intelectual, afetiva, volitiva, intuitiva, imaginária, simbólica, experiencial etc.

Disciplina de liturgia e laboratório litúrgico

A disciplina de liturgia pretende, em termos amplos, uma "educação para a ritualidade". Ela busca a unidade na ação ritual litúrgica. Ao executar um rito com o corpo (dimensão corporal), pressupõe-se o conhecimento do seu significado teológico (dimensão intelectual), bem como o envolvimento afetivo e emocional na ação ritual, de modo a promover modificações na maneira de viver (dimensão ética) e gerar espiritualidade. Na prática, porém, esses três aspectos podem estar funcionando isoladamente, sem unidade; ou seja, sem que o teológico e o espiritual estejam diretamente ligados ao gesto corporal. Talvez isso ocorra quando o corpo é vivido como um mal necessário, o que resulta em medo, ou na inabilidade para uma expressão corporal profundamente afetiva, espiritual, da experiência religiosa (cf. Buyst, 1995, p. 32).

A partir de 1988, o ensino da liturgia, em alguns dos institutos de teologia de São Paulo e centros de formação teológica, tem passado por modificações consideráveis, principalmente no campo da metodologia.

---

[2] BUYST (1994, pp. 26-29), partindo da constituição sobre a sagrada liturgia do Vaticano II, classifica cinco níveis de participação: 1) ativa, exterior, corporal, sensível; 2) interior, da alma, no nível da psique; 3) consciente, intelectual; 4) plena, holística; 5) frutuosa, de adesão.

Alguns professores — inspirados nos métodos desenvolvidos por Hélène Lubienska de Lenval para a formação religiosa de crianças e baseados na maneira de ordenar a ação segundo os princípios do psicodrama e, posteriormente, da visão holística do processo educativo — conseguiram esboçar uma técnica pedagógica denominada, no Centro de Liturgia da Faculdade Nossa Senhora da Assunção, em São Paulo, "laboratório litúrgico".

O laboratório litúrgico consiste numa técnica de ensino que busca recuperar, de forma integrada, as abordagens somática (corporal), cognitiva (intelecto), afetiva (sentimentos) e espiritual da liturgia. Até então, o ensino da liturgia centrava-se apenas na formação do intelecto. Predominavam aulas expositivas, desenvolvendo-se essa disciplina como qualquer outra da área de ensino sistemático da teologia.

Com o uso da técnica do laboratório litúrgico, observou-se que a aprendizagem foi facilitada, tornando-se mais satisfatória em relação a métodos anteriores. A introdução dessa nova técnica também viabilizou um maior crescimento no nível da experiência pessoal de cada aluno no que diz respeito à sua espiritualidade, bem como a um sadio exercício de criatividade litúrgica.

Considerando-se que educar para a ritualidade é buscar a unidade entre a compreensão, a afetividade e a sua expressão corpórea em face da transcendência; observando-se que o laboratório litúrgico é uma técnica que trabalha essa unidade; e levando-se em conta que, como tal, carece de uma fundamentação teórica sistematizada, permanecendo apenas no nível de referência às três fontes, este livro se propõe apresentar os conceitos das três fontes teóricas mais importantes (a proposta pedagógico-religiosa de Lubienska, o psicodrama de Moreno e a visão holística) identificáveis na elaboração e prática do laboratório litúrgico, apontar como essas fontes podem ser reconsideradas para ampliar a fundamentação teórica e que contribuição podem dar à técnica do laboratório litúrgico, tendo em vista um processo de educação para a ritualidade.

No *primeiro capítulo*, iremos sistematizar a experiência do laboratório litúrgico a partir das fontes documentais. Trataremos, mais minuciosamente, de sua estrutura metodológica.

No *segundo capítulo*, apresentaremos a proposta pedagógico-religiosa de Hélène Lubienska de Lenval, destacando sua contribuição no resgate do corpo e da ação corporal no processo de ensino–aprendizagem e estabelecendo uma relação crítica entre a proposta de Lubienska e a experiência do laboratório litúrgico.

O *terceiro capítulo* vai apresentar uma síntese da teoria e prática psicodramáticas. A partir das fontes bibliográficas selecionadas, iremos recolher e identificar os elementos do psicodrama incorporados ao laboratório litúrgico. Depois de estabelecida a relação, será feita uma apreciação sobre as questões e os elementos do psicodrama, ainda não levados em consideração, e que poderão ser úteis à prática do laboratório litúrgico.

Uma síntese das principais idéias e princípios da holística será apresentada no *quarto capítulo*. Também aqui a prioridade será dada àqueles pressupostos da visão holística assumidos no laboratório litúrgico.

A *conclusão* aponta para as descobertas feitas ao longo da pesquisa e para novas perspectivas de aprofundamento e esclarecimento sobre a influência seja dessas fontes, seja de outras não levadas em conta.

I
Laboratório litúrgico

Histórico

A busca da união entre teologia e prática pastoral e, sobretudo, entre prática litúrgica (celebração) e aulas de liturgia foi e é preocupação constante entre os professores dessa disciplina. O desafio da educação para a ritualidade é assim expresso por Buyst (1994, p. 5):

> A dificuldade parece ser: formar para uma liturgia menos verbalista, menos cerebral, menos racionalista; uma liturgia mais afetiva, simbólica, orante, sem deixar de ser profética, sem deixar de ser expressão de uma fé engajada na libertação dos oprimidos.

A teóloga e liturgista Ione Buyst declara que sua reflexão sobre o "corpo na liturgia" data do início da década de 1970. Em 1974, publicou, no *Boletim de Liturgia*, da diocese de Ribeirão Preto, um artigo intitulado "Liturgia, corpo e comunicação", no qual chamava a atenção para a íntima ligação entre corpo e liturgia. Em 1984, esse artigo foi atualizado e novamente publicado na *Revista de Liturgia*, de alcance nacional.

Suas idéias, expressas nesses artigos, foram influenciadas por um treinamento em psicodrama, do qual havia participado anos antes. Buyst recorda que, em 1981, estando na Bélgica, escutou um programa radiofônico em que se comentava a cultura oriental. Nesse programa, chamou-lhe a atenção uma afirmação: "A espiritualidade japonesa é a harmonia entre o saber, o agir e o sentir". Para Buyst, desde aquele momento, a harmonia entre os três pontos (saber, agir e sentir) constituiu-se numa busca pessoal constante em sua vida. Mais tarde, ela reconhecerá que, apoiando-se nessa mesma afirmação ouvida em 1981, estava sendo gestada, de forma intuitiva, a teoria da unidade entre os três pontos aplicada à educação para a ritualidade: gesto externo — que corresponderia ao fazer; sentido teológico-litúrgico — que se adequaria ao pensar; e atitude interior — ligada à dimensão do sentimento, da afetividade. Ora, a idéia de unidade e de harmonia entre esses três pontos é justamente a tese básica que a técnica do laboratório litúrgico se propõe promover.

Em 1986, trabalhando na PUC-Campinas, Buyst convidou a professora de educação física Mari Gandara para, juntas, traçarem um projeto de dois cursos interdisciplinares de conscientização do corpo: um dirigido para leigos e outro para padres e seminaristas. Esse projeto, no entanto, não se realizou.

Somente no ano de 1988 é que a equipe do Centro de Liturgia, refletindo sobre o tema do corpo na liturgia, e avaliando a metodologia dos cursos oferecidos, propôs um curso opcional de Conscientização do Corpo na Liturgia, dirigido aos alunos do Curso de Atualização em Liturgia, a partir de janeiro de 1989. Esse curso foi o marco significativo que determinou o início da utilização do laboratório litúrgico nos vários níveis de formação litúrgica. Assim descreve Ormonde (1994, p. 36): "Tudo começou em um curso especial sobre Conscientização do Corpo na Liturgia. Depois, foi desenvolvido no curso de atualização e, recentemente, introduzido também no de especialização. A inspiração veio dos laboratórios de teatro".

Durante dois anos consecutivos (1989-1990), o programa do Curso de Atualização Litúrgica, promovido pelo Centro de Liturgia da Faculdade Nossa Senhora da Assunção, realizou várias sessões de Conscientização do Corpo na Liturgia — em média, dezoito horas/aula, distribuídas na carga horária do curso.

De 12 a 17 de fevereiro de 1990, o Centro de Liturgia, promoveu um curso intensivo de Conscientização do Corpo na Liturgia, com duração de cinqüenta horas/aula. Dele participaram dezessete pessoas, a maioria padres e religiosas, vindos de várias regiões do Brasil. O curso visava a dar os primeiros passos na reflexão sobre o significado do corpo na liturgia. A assessoria do curso contou com especialistas de diversas áreas, a saber: Dorothy Lenner,[1] atriz, diretora e professora de técnica do ator (improvisação, trabalho de máscara, interpretação, mímica) e de teatro-dança; Gláucia C. B. Rodrigues, psicóloga com especialização em cinesiologia, professora de ioga e técnicas de relaxamento; Lúcia Lee, professora de técnicas corporais orientais; Jaime Kuk, monitor de teatro, professor de *tai chi chuan*; Nina Kuk, professora de terapias corporais; Maria do Carmo Bauer, fonoaudióloga, professora de técnica e expressão vocal.

Cada dia do curso foi dividido, basicamente, em dois períodos: pela manhã, sob a orientação dos especialistas convidados, eram realizadas técnicas de relaxamento, exploração do corpo, trabalhos de improvisação e interpretação, postura e exercícios de interiorização. Os exercícios eram realizados de acordo com a escolha das atitudes e gestos simbólicos fundamentais da liturgia: andar, falar, ouvir, olhar, oferecer, orar, louvar, pedir, ungir, dançar, cantar. À tarde, já sob a responsabilidade dos liturgistas, eram realizados os chamados "laboratórios litúrgicos". Para tanto, foram escolhidos alguns ritos de celebrações litúrgicas, tais como: ritos iniciais e de acolhimento, rito da palavra, orações litúrgicas e alguns gestos sacramentais. Houve tempo ainda para estudo de alguns textos previamente selecionados e ligados ao tema do corpo na liturgia. As noites eram aproveitadas com outras programações relacionadas com o tema do curso (vídeos, peças de teatro, celebrações etc.).

Após o curso, a equipe de assessores do Centro de Liturgia reuniu-se para repensar e reelaborar a proposta metodológica do curso de

---

[1] A contribuição de Lenner foi decisiva para o laboratório litúrgico, segundo os liturgistas do Centro. Além de acompanhar todo o projeto do curso de Conscientização do Corpo, ela também ajudou a contatar a equipe multidisciplinar, ficando, após o curso, como assessora, por muitos anos, dos cursos de atualização.

atualização, incluindo, agora, manhãs inteiras dedicadas aos laboratórios litúrgicos. Aos poucos, a experiência foi-se solidificando e, nos anos seguintes (1991-1992), os laboratórios litúrgicos foram utilizados nos programas do curso, até que, no ano de 1993, eles passaram a integrar o programa do Curso de Especialização em Liturgia, atualmente com duração de quatro meses.

Desde o início, o laboratório litúrgico mantém a mesma estrutura básica: um tempo inicial preparatório, aproximações do tema, seguidas de seqüências rituais preparadas, depois realizadas, repetidas e, em seguida, avaliadas. Ormonde reconhece ter sido Buyst quem deu a contribuição determinante ao laboratório litúrgico quando sugeriu que os gestos e ritos fossem analisados a partir do próprio gesto externo, do seu sentido teológico e de sua atitude interior.

O laboratório litúrgico foi, portanto, o resultado do trabalho conjunto de uma equipe multidisciplinar de profissionais que tinham o domínio de exercícios e técnicas que visavam ao equilíbrio mente–corpo–sentimento, juntamente com um grupo de liturgistas que lidavam com os ritos, a teologia, a espiritualidade, a história etc.

Objetivos

Segundo Buyst (1994, p. 36), o laboratório litúrgico tem um duplo objetivo: primeiro, a busca da unidade entre gesto externo, sentido teológico-litúrgico e atitude interior; segundo, o exercício de uma criatividade que se baseia na busca da melhor expressão possível do rito:

> Primeiro: exercitar a unidade dos "três pontos" (gesto ritual, sentido teológico-litúrgico, atitude espiritual), para encontrarmos o caminho de um conhecimento e de uma vivência mais profundos e unificados da liturgia; segundo: exercitar a criatividade, buscando a melhor expressão possível de cada rito ou subdivisão de um rito, dentro da cultura e do momento histórico de uma comunidade celebrante.

Assim também expressa Ormonde (1994, p. 36) o objetivo do laboratório litúrgico. Porém, ele prefere destacar a busca da autenticidade no gesto ritual como objetivo central do laboratório litúrgico sem deixar de lado a questão da criatividade, mas sendo esta considerada um passo posterior:

> [...] os laboratórios litúrgicos trabalham a unidade entre gesto, sentido teológico e atitude subjetiva, como bem intuiu Ione Buyst. Assim, o objetivo do laboratório, antes de tudo, é aprofundar a vivência litúrgica, pessoal e comunitária, através do exercício da autenticidade na realização dos ritos. [...] os laboratórios litúrgicos também acabam por impulsionar a criatividade, porque possibilitam um encontro mais livre entre o racional e o intuitivo, entre o rito (romano) como vem prescrito e a cultura dos participantes, no corpo, na prática ritual. Contudo, em nossas experiências, eu e Penha Carpanedo não temos priorizado esse aspecto. Achamos fundamental, para o processo de inculturação, a busca de autenticidade, antes mesmo da criatividade [...].

Em resumo, podemos dizer que o laboratório litúrgico tem um duplo objetivo:

- conhecer e vivenciar a liturgia de maneira mais autêntica e profunda, a partir da busca da unidade/harmonia entre o gesto corporal, o sentido teológico-litúrgico do gesto e o sentimento/afeto correspondente;
- exercitar a criatividade na vivência dos ritos, não perdendo de vista o contexto cultural, social e histórico no qual a comunidade celebrante está situada.

Conceito

O laboratório litúrgico é compreendido como uma técnica para a educação da ritualidade, a partir da eleição ou "recorte" de determinado rito ou elemento litúrgico, a fim de ser vivenciado pessoal e comunitariamente, explorando, criativamente, todas as possibilidades e promovendo a tomada de consciência do sentido teológico-litúrgico, dos sentimentos e das atitudes espirituais envolvidas, em vista de uma participação mais autêntica da pessoa que realiza o rito (cf. Buyst & Silva, 1995, p. 8).

Existe uma discussão entre os professores que utilizam o laboratório litúrgico: como classificá-lo, técnica ou método? No entanto, a grande maioria dos liturgistas enquadram-no como técnica, visto que o método de ensino da liturgia é mais abrangente, envolvendo inúmeras outras abordagens técnicas e didáticas. Na verdade, considera-se o laboratório litúrgico uma técnica coerente com a metodologia participativa pela qual se pretende optar.

Se consideramos o laboratório litúrgico como técnica, ele está em função da inteireza do ser na vivência ritual, tendo em vista a comunhão da pessoa com o Transcendente, razão última da educação para a ritualidade. O princípio básico que rege o laboratório litúrgico é a participação. Além de estar pensado como busca de uma participação maior e mais efetiva das pessoas que realizam o rito, o laboratório litúrgico também contempla a participação enquanto princípio fundante da própria técnica, que, nesse caso, prevê o direito à intervenção do educando no processo e à decisão dos procedimentos discutidos em todas as etapas. É regido pelo princípio da co-responsabilidade.

O laboratório litúrgico é, portanto, uma técnica de ensino para a liturgia que se baseia na ação. Aprende-se fazendo. É pelo exercício consciente do gesto, do rito, da ação simbólica que se chega a uma autêntica expressão (fazer), coerente com o seu significado (saber) e portador de uma atitude interior (sentir). Não pode ser confundido com a celebração. É "treino" para a celebração, porém, treino vivido e experimentado como meio de formação litúrgica, visando à educação para a ritualidade. Explicando o laboratório litúrgico, assim se expressa Ormonde (1994, p. 37):

> O laboratório litúrgico não é uma aula expositiva sobre a prática celebrativa. A ação é o forte do laboratório. [...] O laboratório, no campo da liturgia, não é ensaio, nem representação de uma celebração. Mas sim a vivência experimental

de um determinado rito, realizado fora da celebração, como meio de formação litúrgica. No laboratório, procura-se um envolvimento pessoal maior, unindo consciência, vontade e sentimento, como aprendizagem para as celebrações.

A expressão "laboratório litúrgico" foi usada, pela primeira vez, em 1988, por Domingos Ormonde, um padre pertencente à diocese de Duque de Caxias, Rio de Janeiro, professor de liturgia e membro do Centro de Liturgia. O termo foi sugerido por ele nas reuniões de preparação do Curso de Conscientização do Corpo na Liturgia (1989). Ormonde usou, como base, a sua formação nos laboratórios de dramatização, dos quais participou em cursos de teatro. O próprio laboratório teatral, de alguma forma, também favorecia aquilo que se buscava alcançar com o laboratório litúrgico: a experimentação, a vivência, o aprofundamento da emoção ligada à expressão, a busca da autenticidade.

Estrutura[2]

A estrutura do laboratório litúrgico parece ser bastante simples. Conta sempre com a preparação prévia de uma pessoa ou de uma equipe, que, antecipadamente, planeja as dinâmicas e o roteiro a ser seguido. A seqüência, no entanto, permanece sempre aberta para possíveis adaptações e alterações em sua estrutura.

Com relação ao tema, busca-se sempre uma delimitação do objeto (rito) a ser estudado e submetido à técnica. Considera-se impossível trabalhar um rito muito extenso; nunca uma celebração completa, mas apenas um momento ritual que faça parte dela. Assim se expressa Ormonde (1994, p. 37): "[...] se a preocupação é a celebração eucarística, será escolhida uma parte, digamos: oração eucarística, ou apresentação dos dons e oração eucarística".

---

[2] Aqui, vamos utilizar a estrutura apresentada por Ormonde em seu artigo "Laboratório litúrgico: o que é, como se faz, por quê?". Há, porém, alterações que foram feitas desde que o laboratório litúrgico foi ali apresentado. Na medida do possível, esta parte integrará as alterações.

Considera-se fundamental para a escolha do tema o tempo disponível pelo grupo. Sendo o laboratório litúrgico realizado durante uma manhã ou uma tarde, a média é de quatro horas de trabalho, divididas em uma sessão de uma hora e meia, um período de intervalo de quinze a trinta minutos, e mais uma sessão de uma hora e meia, além de meia hora final de observações e avaliação.

Desde o início, o laboratório litúrgico exige um clima de seriedade e disposição por parte dos participantes. Isso é indispensável para o seu bom andamento. Para favorecer esse clima, o laboratório litúrgico inicia a sessão com um momento de relaxamento. As pessoas são convidadas a desligarem-se de preocupações e a buscarem uma concentração interior. Não havendo oportunidade de uma técnica mais elaborada de relaxamento, quem coordena sugere, verbalmente, a motivação para que todos se envolvam no processo. Essa etapa inicial é chamada de "relaxamento e/ou aquecimento". Nessa etapa, são realizados exercícios de respiração, relaxamento muscular e algum outro exercício específico para trabalhar uma determinada parte do corpo que será mais utilizada pelo rito, gesto ou ação escolhida. Utilizam-se técnicas e jogos inspirados em manuais de meditação, de oração contemplativa, e alguns jogos e dinâmicas psicodramáticas.

Uma segunda etapa, chamada de "sensibilização e improvisação", parte de ritos sociais e/ou religiosos correspondentes. Aqui, os participantes vão experimentando, através de encenação, gestos do cotidiano, ou referentes a ritos sociais e/ou religiosos que estão, de alguma forma, ligados ao rito litúrgico em estudo. Por exemplo: se o escolhido foi o rito inicial de uma celebração, os participantes devem partilhar como o povo entra na igreja, como é acolhida uma pessoa quando chega à casa de alguém. Nessa etapa, o assessor chama a atenção para a unidade que existe na atitude popular entre corpo, mente e coração. Após algumas experiências, inicia-se uma conversa que pode ser baseada nas seguintes perguntas: a) que fiz?; b) que quis dizer com isso?; e c) que senti?

A terceira etapa constitui-se no trabalho com as atitudes e os gestos do corpo em determinado rito. Aqui está o núcleo fundamental do laboratório. É a "experimentação ritual".[3] Nessa etapa, concentra-se todo o esforço para conseguir atingir a unidade requerida entre a expressão externa do rito, seu sentido teológico-litúrgico e a atitude interior correspondente. Tem, ainda, alguns desdobramentos:

   a) Um breve diálogo sobre o rito litúrgico escolhido: elementos, estrutura; como costuma ser realizado na prática; proposta ritual nos livros litúrgicos com o seu sentido teológico-litúrgico e atitude interior implícita; estudo de algumas possibilidades de inculturação. Caso haja tempo, pode-se fazer, ainda, uma reflexão mais aprofundada, baseada em pesquisas realizadas previamente pelos próprios alunos sobre o tema: aspectos antropológicos e religiosos, teológico-litúrgicos etc.

   b) Tendo realizado esse primeiro estudo, faz-se, agora, o "recorte" dos elementos do rito que se quer trabalhar. Para que o estudo seja bem aproveitado, desaconselha-se a escolha de muitos elementos. Deve-se trabalhar tendo em vista o tempo disponível para tanto. Mesmo escolhendo determinado rito, deve-se determinar que elementos específicos daquele rito serão trabalhados.

   c) É feita a distribuição dos serviços, dos papéis que cada um deverá desempenhar na execução do rito. Trata-se de definir aquilo que cada um faz durante o rito.

   d) O professor e os alunos chegam a um acordo com relação à seqüência do rito. Esse passo é importante, porque todos deverão concentrar-se naqueles elementos escolhidos. É preciso definir bem a seqüência a ser trabalhada para que não haja dispersão durante os exercícios.

   e) Chega o momento de realizar a seqüência. Aqui, há espaço para uma variedade de experiências. Aconselha-se experimentar o

---

[3] A expressão "experimentação ritual" foi dada por mim. Não existe na literatura sobre o assunto do laboratório litúrgico alguma expressão para designar essa etapa.

recorte de várias maneiras. Enquanto alguns estão exercendo os papéis relativos aos ministérios litúrgicos, os demais participam, geralmente, assumindo o papel de assembléia litúrgica. Ao término da seqüência, os alunos podem intervir sugerindo a mudança desse ou daquele estilo, da postura, da linguagem, da expressão etc. Novamente, a seqüência é realizada na tentativa de inserir as sugestões e verificar a melhora ou não da *performance* do rito.

f) Feitas várias experiências, chega o momento de levantar algumas questões e observações sobre o que se fez. Todos são convidados a comentar a seqüência escolhida e sua realização por aquele grupo.

g) Outro grupo pode retomar a experiência, agora já inserindo as modificações feitas pelo grupo anterior e tentando dar sua contribuição particular.

h) São feitas novas observações.

A quarta etapa é a "conversa de três pontos". Por meio de uma reflexão mais sistemática e aprofundada, dirigida pelo professor, os alunos são convidados a conversar sobre como foi realizado o gesto corporal, qual o seu sentido teológico-litúrgico e, por fim, qual a atitude interior que ele suscitou. Na verdade, os três pontos são trabalhados e discutidos, progressivamente, ao longo da segunda e terceira etapas, acompanhando a ação. Essa quarta etapa constitui-se num espaço de organização, sistematização das intuições e idéias do grupo com relação ao que foi realizado. Sobre essa etapa, assim escreve Ormonde (1994, p. 37):

> [...] é indispensável a conversa do que chamamos de "conversa de três pontos" — a tal intuição da Ione. A conversa vem depois da ação e procura explicitar a forma como o rito foi realizado (a plasticidade), seu sentido teológico (comum e latino-americano) e a atitude interior (intenção e sentimento) de quem participou. Laboratório litúrgico, em nossa experiência, tem sempre ação e "conversa de três pontos".

O laboratório litúrgico prevê, ainda, uma quinta etapa: a "avaliação". O grupo é convidado a recordar o caminho percorrido desde as primeiras experiências realizadas até a última. Com a ajuda do professor, vai-se descobrindo o progresso alcançado na busca da melhor expressão do sentido daquele rito escolhido. Nesse momento, levam-se em conta os objetivos daquela aula ou, se for o caso, daquele curso.

Cada etapa do laboratório litúrgico é precedida, geralmente, de um diálogo de quem coordena com os participantes sobre as experiências que cada um tem com este ou aquele gesto ou rito que está sendo proposto para o estudo. À medida que acontecem as interferências, o animador suscita que se passe da expressão verbal para a corporal, da explicação de como foi a experiência para a ação. Vale considerar que explicações mais detalhadas ocorrem somente após a experiência já realizada em forma de laboratório, quase que como um aprofundamento do que foi realizado.

É bom lembrar que o laboratório litúrgico é apenas uma técnica e, como tal, ele não consegue esgotar o assunto, nem pretende ser a resposta à sistematização de todos os assuntos ligados à liturgia. O laboratório litúrgico não dispensa, portanto, leituras complementares com relação ao tema, feitas, de preferência, anteriormente pelos alunos. Também não exclui a possibilidade de aulas expositivas e de debate como formas de aprofundamento do tema escolhido. Conforme recorda Buyst, "sendo apenas uma técnica, o laboratório litúrgico supõe um complemento do assunto tratado seja através de leituras anteriores ou posteriores, seja através de exposição, seja através de debate".

Buyst ainda chama a atenção para o fato de que, em muitos lugares, tem-se utilizado a expressão "laboratório litúrgico" para dizer aquilo que ele não é. Assim ela se expressa: "Sei, sim, de uso indevido e abusado do nome 'laboratório litúrgico'; fazem alguns exercícios corporais (até dentro das celebrações!) e chamam a isso de laboratório litúrgico".

Muitos, portanto, confundem o laboratório litúrgico com treinamento durante a celebração, ou com celebrações explicadas e avaliadas com o intuito de não se cometerem os mesmos "erros" na próxima, ou, ainda, com situações em que se considera o laboratório litúrgico como um conjunto de exercícios de relaxamento ou de exercícios corporais a serem incorporados ao longo da celebração.

Existem, ainda, os chamados "mini-laboratórios", ou laboratórios condensados. São os laboratórios litúrgicos utilizados durante a explanação de um tema. Nesse caso, a estrutura aqui apresentada é condensada, sobretudo a parte inicial.

Exemplos práticos de duas sessões de laboratório litúrgico

Para uma melhor compreensão, apresentamos, a seguir, dois modelos de laboratório litúrgico utilizados em cursos de formação litúrgica. O primeiro foi organizado por Buyst; o segundo, aplicado por Ormonde.

> *Roteiro para o laboratório litúrgico sobre*
> *gestos e ações simbólicas: repartir o pão*
> (Fração do pão e comunhão)
> ORGANIZADO PELO CENTRO DE LITURGIA
>
> *Objetivo geral*
> Vivenciar o corpo no repartir o pão (rito da fração do pão e da comunhão).
>
> *Objetivos específicos*
> • Familiarizar-se com o uso de pão em vez de hóstias, como pede a Instrução Geral do Missal Romano (nn. 281-286), e com a comunhão também com vinho por parte de toda a assembléia.
> • Reencontrar o sentido e a importância do rito da fração do pão, muitas vezes confundido com a *commixtio* (o gesto de deixar cair uma parte do pão no cálice).
> • Vivenciar o sentido da partilha na fração do pão e na comunhão, núcleo da teologia e espiritualidade eucarísticas ("corpo entregue por vós..., sangue derramado por vós e por todos...").

- Vivenciar a atitude de "dar" dos ministros, e a atitude de "receber" dos comungantes.
- Aprofundar a espiritualidade da comunhão eucarística, relacionada com a oração eucarística: participação na morte-ressurreição de Jesus (cf. Gl 2,20: "Já não sou mais eu que vivo, é Cristo que vive em mim"); por Cristo, com Cristo e em Cristo, comunhão com o Pai, na unidade do Espírito Santo, e comunhão com os outros comungantes, com toda a humanidade e toda a realidade existente, formando um só corpo em Cristo...

1ª etapa: Respiração, relaxamento, aquecimento
("Afinando" nosso instrumento de trabalho.)
1.1. Exercícios de respiração
1.2. Exercícios de relaxamento
1.3. Aquecimento:
1.3.1. Colocar no centro da roda vários objetos (por exemplo: velas, livros, panos coloridos, vasilhas, pedaços de madeira ou de bambu, um ramo verde etc.).
Convidar o grupo a observar os objetos um a um e imaginar-se realizando uma ação com um desses objetos (prever os vários passos ou momentos); depois, quem quiser, poderá levantar-se e realizar a ação que primeiro idealizou na mente. No final, conversar sobre o que fizemos: o que cada um fez e viu os outros fazerem; como se sentiu, o que sentiu.
1.3.2. Colocar uma vasilha com frutas (lavadas) no centro da roda (pode-se prever também algumas facas e guardanapos de papel). Convidar as pessoas a levantar e pegar uma fruta. Todos voltam a sentar em roda e seguem as orientações a seguir, concentrando-se cada pessoa somente naquilo que estará fazendo: "Pegue a fruta na palma da mão. Veja e admire sua forma, sua cor, por cima, por baixo, as marcas na casca. Cheire a fruta, inalando suavemente, prazerosamente. Feche os olhos e role a fruta nas palmas das mãos. Escute o som que suas mãos fazem ao contatá-la. Tome a fruta e passe-a por todo o seu rosto. Experiencie como se sente seu rosto. Abra os olhos e veja a fruta. Parta ou corte a fruta vagarosamente e comece a descascá-la. Veja o sumo ou o suco sair da fruta. Ouça os sons. Observe

como a casca está sendo separada da polpa. Não se apresse; ouça os sons. Lentamente, separe uma parte da fruta para comer. Coloque na boca, feche os olhos e mastigue lentamente, degustando, sentindo o gosto, degustando prazerosamente" (cf. GUNTHER, Bernard. *Sensibilidade e relaxamento*. 4 ed., São Paulo, Brasiliense, 1979. p. 95).
No final, conversar sobre o que fizemos: como cada um se sentiu, o que sentiu.
1.3.3. Colocar uma jarra com água e alguns copos no centro da roda. Ver o formato da jarra, a cor da água. Alegrar-se com a água (pré-gustar), sentir água na boca. Verter um pouco do líquido num copo; ver a luz refletindo no copo; cheirar; levar o copo à boca; sorver um pouco da água lentamente, sentindo o gosto; engolir, sentir a bebida descer no esôfago.
No final, conversar sobre o que fizemos: como cada um se sentiu, o que sentiu.

2ª etapa: Sensibilização, improvisação, partindo de gestos cotidianos, ritos sociais e/ou religiosos correspondentes ao rito que se quer trabalhar (ao assumir a atitude do povo, chamar a atenção à unidade entre agir, pensar e sentir, ou seja, entre ação, sentido e sentimento, ou, dito de outra forma, a unidade entre "corpo", mente, coração: a) O que vimos? O que fez?; b) O que quis dizer com isso?; c) O que sentiu?).

A – Vivência de gestos cotidianos ligados à ação de repartir o pão
2.1. Conversar, lembrando momentos significativos e gestos de partilha na vida familiar e social. (Pode-se usar também fotografias ou desenhos representando tais gestos.)
2.2. Alguns incorporam as atitudes. As outras pessoas do grupo observam.
2.3. Comentário do grupo após cada apresentação. (O que vimos? O que se expressou? Como?... Relação entre gesto corporal, sentido e atitude interior.)
B – Vivência de gestos da piedade popular ligados à ação de repartir o pão
(A mesma seqüência que em A.)

3ª etapa: Atitudes e gestos do corpo no gesto de repartir o pão (fração do pão e comunhão).

3.1. Conversar sobre o porquê da ação escolhida para o laboratório. Recordar os elementos e a seqüência do rito da fração do pão e da comunhão, seu sentido teológico-litúrgico e a atitude interior implícita; possibilidade de inculturação. Recorrer aos livros litúrgicos, documentos e outros textos.

3.2. Fazer o "recorte" dos elementos do rito a serem trabalhados (deixar o grupo escolher). Analisar os elementos escolhidos (aplicar eventualmente o "Roteiro para a análise ritual", de Ione Buyst). Distribuição dos serviços (ministros da comunhão, cantores etc.), de acordo com o "recorte"; os demais participantes serão assembléia.

3.3. Acordo sobre a seqüência, por exemplo: final do abraço da paz, início do canto do "Cordeiro de Deus" ou palavras bíblicas dando o sentido da fração, fração do pão, *commixtio*, apresentação do pão e do vinho para a comunhão (até o "Senhor, eu não sou digno"). Ou: apresentação do pão e do vinho para a comunhão; se quiserem, poderão acrescentar ainda a purificação (na credência).

3.4. Realização da seqüência (experimentar o "recorte" de várias maneiras): como costumamos fazer o gesto de repartir o pão em nossas celebrações? (algumas pessoas mostram, fazendo). De que outra maneira poderíamos realizar esta ação? (explorar as várias possibilidades, fazendo). Fazer, observar, conversar sobre o que se fez e viveu, fazer de novo.

3.5. Conversar, a partir do que se fez, aprofundando a relação entre o gesto corporal, o sentido teológico-litúrgico e a atitude interior (os "três pontos").

3.6. Repetir a ação (por outro grupo), levando em conta a conversa.

3.7. Novas observações e comentários.

Observações

Pontos a serem considerados no rito de repartir o pão:
- Distribuir na mesa ou fora dela?
- Cuidar da verdade do sinal: sabor, forma, cheiro...
- Na medida do possível, usar um só pão para todos. Nunca usar um prato (patena) especial à parte para o padre.
- Veste para os ministros?
- Apresentar um pedaço de pão ou a vasilha com os pães? (ver Missal Romano). Evitar auto-serviço.

- O olhar, a calma, a relação no gesto de entregar o pão e o vinho (a importância de se ter vários ministros e várias vasilhas).
- Quem serve, come e bebe por último.
- Arrumar a mesa, o corporal, o sanguinho...
- Beber do cálice ou intingir (molhar) o pão no vinho?
- Hóstias do sacrário, somente em casos de extrema necessidade.
- Lavar as mãos antes de distribuir a sagrada comunhão (por questão de higiene; ato discreto, na credência). Não lavar as mãos depois.
- Entregar o pão na mão ou na boca? Uso da patena?
- Canto de comunhão e o silêncio depois da comunhão. (...)

4ª etapa: "Conversa de três pontos", mais sistemática e aprofundada, sobre cada um dos elementos do rito e sobre a unidade entre os "três pontos":
4.1. Gesto corporal (como se realizou).
4.2. Sentido teológico-litúrgico.
4.3. Atitude interior.

Observação
Os "três pontos" (agir/pensar/sentir) serão trabalhados e conversados progressivamente com a contribuição do grupo ("maiêutica"), ao longo da segunda e terceira etapas, acompanhando a ação.

5ª etapa: Avaliação do laboratório
Os objetivos foram realizados? O que foi importante para cada participante? Quais foram os momentos mais proveitosos? Onde falhamos? Dificuldades encontradas?

Material necessário: Mesa, toalha, pratos, pão, hóstias (grandes e pequenas), cálice(s), vinho, saquinho(s); vestes, livros de canto, Missal Romano, credência (com vasilha com água); gravador, fitas com músicas apropriadas.

Laboratório litúrgico sobre
Ritos de acolhida e liturgia da Palavra do batismo de crianças
(padre DOMINGOS ORMONDE)[a]

Hora	Atividade	Material	Responsável
		Ritual e livro[b]	
	1. Aquecimento[c]		
	Vivência do cotidiano Vivenciar o acolhimento de visitantes numa casa de família.[d]		
	Informações Conversar sobre a importância da acolhida informal no dia da celebração do batismo.[e] Apresentar a seqüência inicial dos ritos de acolhida.	Cartaz ou *Ritual*	

---

[a] Preparado para a Semana de Liturgia promovida pelo Centro de Liturgia da Faculdade Nossa Senhora da Assunção, em São Paulo, de 18 a 22 de outubro de 1999.

[b] Na falta do *Ritual*, a coordenação do laboratório pode providenciar cópia das partes que serão trabalhadas. A referência é o "Rito para o batismo de várias crianças" (nn. 32-103 do *Novo ritual do batismo de crianças*). Os coordenadores, como é indicado ao longo dos laboratórios, poderão recorrer ao livro *Descobrindo novos caminhos: pastoral do batismo de crianças*, 2ª parte, São Paulo, Paulinas (como o livro foi publicado antes do lançamento do novo *Ritual*, alguns textos citados não correspondem aos textos atuais do *Ritual*).

[c] A ser preparado.

[d] Se parecer bom, repetir com o mesmo grupo ou outro.

[e] Costuma fazer? Quem preside também deve fazer? Aproveitar a oportunidade para acertar a lista de presença das famílias e assim evitar fazer chamada dos presentes antes de começar a celebração.

Hora	Atividade	Material	Responsável
	Vivência da liturgia Vivenciar o início dos ritos de acolhida: Chegada das famílias e acolhida informal por parte da equipe de celebração. Canto. Saudação (por quem preside).[f]	Quadro ou cartaz, canto	
	Vivência do cotidiano Vivenciar uma mãe que leva seu filho pela primeira vez ao posto de saúde, ouve as recomendações e compromete-se a fazer a sua parte zelando pela saúde da criança.[g]		

---

[f] a) Escrever esta seqüência no quadro ou em cartaz; b) alguns vivenciam os pais e padrinhos, outros vivenciam a equipe de celebração; c) repetição, se for preciso, com as mesmas pessoas ou com outras.

[g] Também aqui pode-se repetir a vivência, caso se ache importante e o tempo o permitir.

Hora	Atividade	Material	Responsável
	Vivência da liturgia Vivenciar a continuação dos ritos de acolhida do batismo: "Quem preside inicia um diálogo espontâneo com os pais, padrinhos e comunidade sobre o nome que escolheram para a criança, o desejo da batizá-la e suas disposições de educá-la na fé" (*Ritual*, n. 35).[h] "Quem preside fala, então, as palavras da assimilação, dirigindo-se primeiro aos pais e depois diretamente às crianças" (*Ritual*, n. 43). "O sinal da cruz na fronte da criança é feito por quem preside, pelos pais e mães, padrinhos e madrinhas..." (*Ritual*, n. 44). "Se o rito de acolhida tiver sido feito na porta da igreja ou em outro local, faça-se uma procissão de entrada com o círio pascal, acompanhada de um canto" (*Ritual*, n. 45).[i]	Quadro ou cartaz, círio pascal	

---

[h] A proposta aqui é fazer o diálogo de forma espontânea, sem usar os textos sugeridos no *Ritual*. Esses poderão servir de inspiração para os participantes.

[i] Vivência da seqüência quantas vezes for oportuno, com as mesmas pessoas ou com outras. A "reflexão" que vem a seguir pode ser feita a cada vez que for realizada uma seqüência.

Hora	Atividade	Material	Responsável
	Reflexão		
	Conversar com os participantes sobre as seguintes questões:		
	Que atitude espiritual cada um experimentou no seu ministério?		
	Qual deve ser mesmo a atitude espiritual de quem preside e de pais e padrinhos nos ritos de acolhida?		
	Que gesto nos chamou a atenção na vivência feita? Por quê?		
	Qual o sentido teológico dos ritos de acolhida?[j]		
	Que expressa o desenho de Cláudio Pastro que ilustra esta parte do ritual?	*Ritual* ou cópia	
	Informações	Quadro ou cartaz	
	Apresentar a seqüência completa dos ritos de acolhida.		
	Lembrar onde fazer os ritos de acolhida.[k]		
	Lembrar a oração que conclui os ritos de acolhida (*Ritual*, n. 46).		

---

[j] Sugestão no livro indicado acima (letra b), pp. 12-14, sobretudo p. 14.

[k] 1) Chegada e ritos na porta da igreja; 2) chegada ao salão e ritos na porta (prático e mais significativo); 3) chegada e ritos no salão, até o sinal-da-cruz; 4) chegada e ritos dentro da igreja (como é mais comum por causa do grande número de participantes e da falta de espaço adequado). A assembléia toda deve participar dos ritos de acolhida.

Hora	Atividade	Material	Responsável
	Vivência da liturgia[l] Opção significativa, mas não explícita no *Ritual*: Pai ou mãe apresenta espontaneamente seu filho à comunidade indicando o nome escolhido e formulando o pedido de batismo. Opção prevista no *Ritual*: "[...] quem preside pode receber a criança em seus braços, os pais proclamam o nome do batizado e a assembléia aclama, cada vez, cantando ou dizendo: "Bendito seja Deus para sempre!" (*Ritual*, n. 37).	Canto	
	Intervalo	Lanche	
	Informações Que fazer na ausência de procissão de entrada na igreja: refrão ou canto de preparação da escuta da palavra e entrada da Bíblia (*Ritual*, n. 47).	Canto	
	Apresentar a seqüência da liturgia da Palavra na celebração do batismo de crianças.[m]	Quadro ou cartaz	
	Localizar o *Lecionário* no ritual (nn. 340-389).	Ritual	
	Indicar as orientações sobre a escolha das leituras (*Ritual*, nn. 48-49).	Ritual	
	Lembrar o sentido teológico da liturgia da Palavra na celebração do batismo.[n]		

---

[l] Se der tempo.
[m] Proclamação da Palavra, homilia (silêncio, canto), oração (oração dos fiéis, invocação dos santos, imposição das mãos, oração silenciosa, oração de libertação), unção pré-batismal.
[n] Sugestão no livro já citado (letra b), p. 16.

Hora	Atividade	Material	Responsável
	Vivência do cotidiano	Óleo (de amêndoa)	
	Vivenciar um pai ou mãe que ora por seu filho e depois unta o corpinho dele com óleo medicinal.		
	Lembrar a importância da proteção da vida na sensibilidade popular.		
	Vivência da liturgia		
	Realizar a parte final da liturgia da Palavra:		
	Quem preside, convida pais e padrinhos a impor as mãos sobre a cabeça das crianças e fazer uma oração em silêncio.		
	Após alguns instantes, quem preside reza com as mãos estendidas. (n. 55).	Ritual	
	Apresenta-se a todos o recipiente com o óleo e, em seguida, quem preside reza a seguinte ação de graças... (n. 58).	Ritual	
	Quem preside, diz as palavras da unção (n. 59) e depois "toma nas mãos o óleo dos catecúmenos e unge o peito de cada criança" (n. 60).º	Pote com óleo	

º Pode-se repetir a seqüência com o mesmo grupo de participantes, ou com outro, para aprofundamento da vivência.

Hora	Atividade	Material	Responsável
	Reflexão		
	Que atitude interior os participantes vivenciaram?		
	Qual a impressão que o rito nos causou?		
	Que é que pais e padrinhos, com certeza, sentem e compreendem nesse rito?		
	Vamos descrever atentamente os gestos desse rito?		
	Que acentuam as palavras do rito?	*Ritual*	
	Qual o sentido teológico desse rito?[p]		
	Que expressa o desenho de Cláudio Pastro que ilustra esta parte do ritual?	*Ritual* ou cópia	
	Informações	*Ritual*	
	Falar sobre a possibilidade de os próprios pais espalharem o óleo no peito da criança.[q]	*Ritual* Quadro ou cartaz	
	Conversar sobre o tipo de pote e o uso eventual da colherzinha.		

[p] Sugestão no livro citado (letra b), p. 20.
[q] Ver no livro (letra b), p. 20

Hora	Atividade	Material	Responsável
	Sublinhar que "a visibilidade do sinal exige a utilização de boa quantidade de óleo na unção" (n. 56). Lembrar a necessidade de renovação do óleo dos catecúmenos e a possibilidade de ser abençoado na celebração (n. 56). Retomar as duas seqüências trabalhadas: ritos de acolhida e liturgia da Palavra. Considerar a possibilidade do batismo em duas etapas e o modo de fazer (nn. 98-102).		
	Avaliação		

Fundamentação

Um dos princípios básicos do laboratório litúrgico assumido pela equipe de assessores do Centro de Liturgia foi aquele que considera que liturgia só se aprende fazendo. A partir dessa premissa, algumas fontes teórico-práticas conhecidas pelos membros da equipe e que davam respaldo a esse pressuposto foram servindo de base para a criação, quase que totalmente intuitiva, da proposta do laboratório litúrgico, como explica Buyst (1998, p. 85): "Com base em experiências anteriores de alguns membros da equipe com o método Montessori, com a proposta de Hélène Lubienska de Lenval, com o psicodrama etc., fomos buscando um caminho novo para a aprendizagem na liturgia".

Uma fonte teórica muito importante para a criação do laboratório litúrgico foi a pedagogia religiosa de Hélène Lubienska de Lenval para as crianças. Ainda que se perceba apenas uma menção pouco aprofundada da pedagogia e do método de Lubienska, alguns dos membros do Centro de Liturgia haviam tido contato com a literatura desenvolvida por Lubienska e Montessori. Eles já conheciam, ao menos superficialmente, os trabalhos desenvolvidos por elas e de certo modo se apoiaram em seus métodos de ensino para aplicá-los à formação litúrgica. Comentando essa fonte que deu origem ao laboratório litúrgico, Ormonde (1994, p. 36) acrescenta:

> Outra fonte de inspiração para os laboratórios litúrgicos foi o método Montessori, conhecido e vivenciado por alguns de nós. O método pretende abranger o ensino de modo geral. No que diz respeito à pedagogia da religião, visa a ajudar as crianças a irem mais adiante na experiência da relação com Deus começada na família. Criar uma atitude religiosa no cotidiano e aprofundar a relação com Deus é o fundamental. As referências são sempre as atitudes de fé bíblicas e litúrgicas. A professora (ou catequista) vai, progressivamente, dando a conhecer e realizando com a turma tais atitudes. Silêncio, gesto e palavra (cf. Hélène Lubienska de Lenval), realizados como atitudes conscientes, ajudam no amadurecimento da fé.

Em resposta à pergunta sobre quem teria associado às teorias de Lubienska a reflexão e prática do laboratório litúrgico, Buyst explica:

> A associação do uso do corpo na liturgia com os trabalhos de Lubienska veio-me à mente quando você me falou de sua monografia... Você disse que trabalharia com o método Montessori, já citado por Domingos no seu artigo sobre laboratório litúrgico. Aí me lembrei dos textos de Lubienska (que eu conheço desde os anos 1960 — alguns em português, como *Silêncio, gestos e palavras* — e outros em holandês e em francês) e sugeri que você levasse por este ângulo, lembra-se?

Outro fundamento da técnica do laboratório litúrgico vem da oficina de teatro e do psicodrama. A primeira, realizada por atores e diretores envolvidos na formação de novos atores e nas montagens de peças; a segunda, como técnica terapêutica para alcançar espontaneidade e criatividade no desempenho dos papéis, e como técnica pedagógica facilitadora do processo ensino–aprendizagem. Vale lembrar que o Curso de Conscientização do Corpo na Liturgia foi realizado graças à assessoria de pessoas ligadas ao teatro, teatro–dança, ioga, *tai chi chuan* e outras técnicas de terapias corporais, cinesiologia, fonoaudiologia etc. Partindo de anotações feitas em seu estudo sobre técnicas de psicodrama e de oficinas de teatro, assim explica Ormonde (1994, p. 37):

> No período de preparação de uma peça são feitos laboratórios individuais e coletivos. Antes, porém, cada ator estuda o seu personagem detalhadamente. Quando se trata de uma figura histórica, tudo o que possibilita reconstituir a pessoa a ser representada é, literalmente, "devorado". Após essa pesquisa preliminar de documentação, passa-se para os laboratórios, uma espécie de pesquisa corporal. Nos laboratórios, o ator, partindo das informações recolhidas, realiza momentos de incorporação do personagem. De forma criativa e livre, as falas, posturas, gestos, olhar, entonação e sentimentos do personagem vão sendo vivenciados. O laboratório não é ensaio das falas e cenas de uma determinada peça. É mais do que isso. No laboratório de teatro, o personagem vai sendo criado (ou recriado) pelo ator.

Como assessora de educação religiosa no Colégio *Vita e Pax* (Ribeirão Preto, SP), Buyst participou de um grupo de estudo e prática psicodramática dirigido pela psicodramatista e psiquiatra infantil, doutora Théo Stock. Esse contato com a teoria e a prática do psicodrama aplicadas à pedagogia foi fundamental na construção da proposta do laboratório litúrgico, especialmente naquilo que diz respeito à sua estrutura.

Com relação à base holística presente na proposta do laboratório litúrgico, Buyst considera que seus contatos mais recentes com a literatura da hololigia "vieram confirmar e aprofundar algo já incorporado na vivência pessoal e na estruturação do laboratório litúrgico". Ela reconhece que a antropologia holística, do tipo quaternário, esquematizada por Jean Yves Leloup, trouxe a complementação para a teoria dos "três pontos". Segundo Buyst, sempre houve uma dificuldade no entendimento da terceira dimensão, a da atitude interior. Seria ela interior? Seria espiritual? Ou seria de ordem emocional, afetiva? Considerando-a como dimensão afetivo-emocional, o *pneuma*, quarta dimensão constitutiva do ser humano, seria o responsável por realizar a harmonia pretendida, ao mesmo tempo que se constituiria — enquanto espiritualidade — fruto da harmonia entre os três pontos.[4]

---

[4] Esse assunto será aprofundado mais adiante, no quarto capítulo, que trata especificamente da visão holística e de sua influência na experiência do laboratório litúrgico.

Aplicação

Um dado importante da prática do laboratório litúrgico é o fato de o Centro de Liturgia e de a *Revista de Liturgia* — instituições referenciais importantes do laboratório litúrgico — terem como principais destinatários os agentes de pastoral litúrgica mais ligados às comunidades eclesiais de base (CEBs) e grupos eclesiais vinculados a uma prática social mais libertadora. Nesse contexto específico, os liturgistas depararam-se com uma realidade celebrativa limitada em alguns aspectos, conforme descreve Ormonde:

> Ao mesmo tempo, nós, liturgistas participantes do Centro e da *Revista*, fomos tomando consciência de alguns limites dessas celebrações, tais como: verbalismo; sobreposição da linguagem religiosa e da linguagem política; suspeita de alienação em relação à gratuidade dos ritos, gestos e músicas; preocupação exacerbada com a conscientização; pouca sensibilidade com o catolicismo popular; desconhecimento das tradições litúrgicas etc. Percebíamos que esses limites eram próprios não só dos setores de esquerda, como também característicos de uma crise maior da Modernidade.

A partir dessa constatação, nascia uma preocupação de contribuir para a superação desses limites, colaborando no encontro de uma ritualidade litúrgica coerente com a espiritualidade libertadora, porém, sem cair num neo-ritualismo descomprometido.

Em se tratando de uma técnica de ensino com possibilidades de adaptação da sua estrutura básica, conforme o grupo com o qual se vai trabalhar, o laboratório litúrgico é aplicado em vários níveis de formação litúrgica: desde os cursos abertos e esporádicos de formação de agentes de pastoral litúrgica (leigos, padres, catequistas etc.) até os cursos de especialização em liturgia. Ainda há possibilidade de o laboratório litúrgico ser utilizado para favorecer o desenvolvimento de retiros de espiritualidade e de oração. Sendo uma das responsáveis pela criação do laboratório litúrgico Buyst testemunha o uso diversificado dele: "Tenho usado o laboratório litúrgico indistintamente, em todos os níveis, em todo tipo de curso ou encontro e com todo tipo de pessoas, com os objetivos citados acima. Tenho usado até em retiros litúrgicos; nesse caso, lidando somente com o primeiro objetivo.

Também Ormonde (1994, p. 41) defende o uso do laboratório litúrgico nos mais variados tipos de cursos de liturgia:

> O laboratório litúrgico pode ser usado nos mais diversos níveis de formação litúrgica: com as equipes de celebração das comunidades, com os estudantes de liturgia nos cursos superiores, com os participantes de encontros ou cursos de pastoral litúrgica, em retiros litúrgicos, com jovens e adultos nos grupos de catecumenato[5] e até com crianças e adolescentes na catequese.

O laboratório litúrgico é bastante utilizado nos diversos cursos de formação litúrgica das equipes de celebração das comunidades. São denominados "equipes de celebração" os grupos formados numa comunidade eclesial que são responsáveis pela preparação, organização e animação das celebrações litúrgicas. Dos diversos representantes de cada equipe de celebração forma-se a chamada "equipe de liturgia", que teria como objetivo principal a reflexão, o estudo e o aprofundamento da prática e da ciência litúrgica. Para essa equipe são pensados, na maioria das comunidades, cursos de formação litúrgica.

A experiência tem mostrado que o laboratório litúrgico se presta muito como técnica a ser utilizada nessa modalidade de curso. Os professores que se têm servido dele para assessoria de cursos de formação para agentes de pastoral litúrgica estão encontrando nele um elemento suscitador de participação, de envolvimento.[6] Conseqüentemente, ele vem sendo um facilitador do processo de educação para a ritualidade, favorecendo uma apreensão dos conteúdos do curso com uma eficácia considerável.

---

[5] Catecúmenos são aqueles que se preparam para receber o batismo.

[6] Desde a sua concepção, a Rede Celebra de Animação Litúrgica, formada por grupos de base, assume a proposta do laboratório litúrgico em seus encontros de formação litúrgica.

Outra forma de utilização do laboratório litúrgico dá-se no âmbito da formação litúrgica dos seminários e na atualização litúrgica do clero. Auxiliando os candidatos à vida religiosa e até mesmo os que já exercem o ministério sacerdotal, o laboratório litúrgico é um excelente instrumento na educação para a ritualidade. No caso específico da formação do clero, o laboratório litúrgico tem despertado um grande interesse na grande maioria, pois um de seus efeitos é evidenciar algumas lacunas na formação litúrgica recebida. Em muitos casos, transparece, claramente, que a educação para a ritualidade aconteceu somente no nível racional. Não se previu uma formação mais integral que buscasse a harmonia entre o racional e o emocional. Esse mesmo efeito causa, também, em alguns, certa resistência, pois para essas pessoas nem sempre é fácil submeter-se a exercícios que podem levar à consciência de algum desequilíbrio no campo psicofísico de si mesmas.

Um dos ambientes e espaços onde mais se adota o laboratório litúrgico são os centros de estudos teológicos. Alguns institutos e centros de teologia empregam o laboratório litúrgico como técnica de ensino em determinados temas previstos no programa das disciplinas ligadas à liturgia.

Os cursos de atualização e de especialização em liturgia, promovidos anualmente pelo Centro de Liturgia da Faculdade Nossa Senhora da Assunção, em São Paulo, também são um espaço de referência para a utilização do laboratório litúrgico.

Avaliação

Os professores que se utilizam do laboratório litúrgico são unânimes em afirmar o valor positivo dele. Não é a única técnica utilizada, nem mesmo por aqueles que o criaram; no entanto, o laboratório litúrgico tem dado sinais bastante positivos. Assim se expressa Buyst:

> Sinto que o laboratório litúrgico consegue sensibilizar as pessoas, fazendo-as descobrir ou intuir a tal da unidade ou integração entre os "três pontos". Ajuda a superar o racionalismo, o verbalismo, o ritualismo, assim como o espontaneísmo e

a introdução de constante novidade, confundidos com "criatividade". Consegue unir teoria e prática. O laboratório litúrgico propicia o trabalho em equipe e a interação. Resultados negativos? Não os percebi.

Também Ormonde (1994, p. 37) fala dos bons resultados que o laboratório litúrgico vem trazendo desde sua utilização nos cursos de liturgia promovidos pelo Centro de Liturgia: "De um tempo para cá, os chamados laboratórios litúrgicos passaram a fazer parte dos cursos do Centro de Liturgia, em São Paulo, com bons resultados e boa aceitação".

Essas observações positivas a respeito da experiência do laboratório litúrgico são confirmadas, também, nas entrevistas realizadas com alunos que participaram das sessões. Muitos consideram ter encontrado nele um meio de superação de bloqueios e limites de sua expressão corporal inibida por uma formação que negou muitas vezes tal dimensão. Outros, ainda, falam da importância do laboratório litúrgico no desenvolvimento da comunicação de gestos e símbolos na liturgia de forma mais coerente, menos artificial, menos racionalista. Depoimentos de pessoas que participaram de sessões do laboratório litúrgico em cursos de formação são concludentes:

- "Senti-me à vontade no momento do relaxamento e foi difícil na hora de integrar o fazer, pensar e sentir nos gestos. Descobri que, apesar de estar sempre na missa, nunca me deixei envolver totalmente na liturgia";
- "Gostei da metodologia aplicada. Em nenhum momento achei difícil";
- "Chamou-me a atenção o exercício mental junto ao valor da expressão. A importância de ser autêntico. Eu sempre acreditei que o olhar fala muito mais do que as palavras".

É possível, ainda, apontar outros bons resultados que a experiência vem demonstrando. Para Ormonde, o laboratório litúrgico:

- Sensibiliza as pessoas para a vida litúrgica, despertando para a espiritualidade litúrgica.

- É uma técnica socializadora da "cultura litúrgica". Nele se resgata uma quantidade significativa de informações sobre gestualidade e teologia, herdadas pela tradição, mas obscurecidas pela prática atual.
- Abre caminhos para a inculturação litúrgica, possibilitando novas experiências de fé.

Portanto, estamos diante de uma técnica que, na verdade, é um caminho novo de educação para a ritualidade, proposta a partir de uma integração de elementos de várias fontes e que, ao longo do processo de idealização e aplicação, foi sendo adaptada de forma criativa e reconhecida como um significativo passo para uma proposta de formação litúrgica mais abrangente e não somente racional.

II
Pedagogia religiosa de Lubienska

Hélène Lubienska de Lenval (1895-1972), filha de um polonês e de uma francesa, nasceu em Roma, onde passou sua infância, mudando-se logo em seguida para a Polônia, onde estudou em escolas religiosas até os 16 anos. Em Cracóvia conheceu o conde Zbigniew Lubienski, professor de filosofia, com quem se casou e teve dois filhos. Em 1937, foi morar em Estrasburgo, onde começou a ensinar numa escola montessoriana. Ali, manteve o primeiro contato com o método Montessori.

Durante seu trabalho de pesquisa e de aplicação do método Montessori, a pedagoga escreveu inúmeros artigos para revistas de educação e alguns subsídios para aulas de leitura, geometria, aritmética etc. à luz da proposta montessoriana.

Tendo ido morar na França, a pedagoga inicia, na cidade de Nice, seus primeiros trabalhos voltados à educação religiosa de crianças. Lá, ela começa a escrever sua primeira obra já de caráter religioso: *L'education du sens religieux* (1949b). Daí para frente, vai dedicar-se a escrever livros e artigos voltados, sempre, para o tema da educação, a partir dos princípios montessorianos, e para sua aplicação na formação religiosa das crianças.[1]

---

[1] Cronologia das obras de Lubienska. In: AVELAR, Gersolina. *Renovação educacional católica – Lubienska e sua influência no Brasil*. São Paulo, Cortez & Moraes, 1978. p. 92. Col. Educação Universitária.
1946 – *L' education du sens religieux*
1946 – *La Methode Montessori: esprit et téchnique*
1947 – *L' education de l'homme conscient*

Lubienska manteve sempre uma proximidade com Maria Montessori. Esteve com ela diversas vezes, por ocasião de congressos, palestras e seminários, e foi uma das grandes divulgadoras do método montessoriano na Europa. Foi a pedagoga que estabeleceu a relação entre a proposta de Montessori e a dimensão espiritual-religiosa da educação. Levando em conta o corpo dentro do processo ativo de formação, propôs um sistema pedagógico espiritualista, cuja tese principal era o primado do espírito sobre a mente e o corpo. Seu principal objetivo era apresentar uma atividade pedagógica que contemplasse a fé no Transcendente. Para isso, ela desenvolveu a "pedagogia sagrada", baseada especialmente na liturgia e na Bíblia. Dessas duas fontes, ela retirou os elementos para a educação religiosa das crianças a partir do corpo, do movimento, dos gestos. Lubienska faleceu em Bruxelas, em 23 de agosto de 1972.

A tese básica do laboratório litúrgico sobre a importância da unidade do ser humano é, de certa forma, valorizada por Lubienska (1948b, p. 202) em sua proposta pedagógica. Segundo suas próprias palavras,

> toda atividade mental é, obrigatoriamente, acompanhada de atividade muscular, e a atividade muscular conduz a um progresso mental. É exatamente o que se passa na liturgia: a atitude do corpo traduz e provoca, alternadamente, uma disposição de espírito.

Neste capítulo, iremos tratar dos fundamentos filosóficos, pedagógicos e litúrgicos da proposta de Lubienska. A partir do estudo desses

---

1947 – *Dictées muettes*
1947 – *Le sens de l'arithmétique*
1949 – *Education biblique*
1951 – *L' education du sens liturgique*
1952 – *L' entraînement à l'attention*
1954 – *Le silence à l'ombre de la parole*
1956 – *La liturgie du geste*
1958 – *L' univers biblique où nous vivons*
1959 – *Trêve de Dieu*
1964 – *Les liturgies orientales*
1966 – *Pedagogie sacrée*
1966 – *Pour lire les psaumes en hébreu*

fundamentos, serão esclarecidos os principais conceitos de sua teoria, que serviram de base para a formulação da proposta do laboratório litúrgico, especialmente naquilo que diz respeito à integração do corpo no processo de educação para a ritualidade, à predominância do agir sobre o dizer e à primazia do espírito na experiência educativa a partir da liturgia.

Fundamentos filosóficos

Relação corpo–alma–espírito

Refletir sobre a relação corpo–alma–espírito nos escritos de Lubienska é buscar entender pela raiz a sua proposta pedagógica e religiosa. A pedagoga foi, ao longo do tempo, modificando sua maneira de interpretar essa relação. Predominava, no entanto, a idéia de unidade do ser, constituindo-se de corpo–alma–espírito, proveniente da perspectiva bíblica segundo a qual o espírito é o responsável por criar a unidade entre os outros dois elementos: o corpo e o intelecto.

O quadro a seguir, extraído da obra *O universo bíblico em que vivemos* (1962a, p. 71), mostra a visão antropológica subjacente à pedagogia de Lubienska.

O Ser Inteiro *plano de vida*	Corpo *plano corporal*	Alma *plano psíquico*	Espírito *plano espiritual*
Guia	instinto	consciência	fé
Consciência	experimental ou empírica	discursiva ou racional	intuitiva ou poética
Educação	sensorial	intelectual	religiosa
Esforço	muscular	mental	ascético
Oração	gestos (oração latente)	expressão (oração intermitente)	silêncio (oração contínua)

Um dos princípios fundamentais de sua teoria pedagógica é a primazia do espírito. Ela desenvolve esse tema exaustivamente no livro *A educação do homem consciente*. No seu entender, o espírito é o "eu real" do ser humano. Chega a considerá-lo ponto de partida teórico e meta a alcançar no processo educativo.

Com relação ao conceito de espírito, presente na teoria de Lubienska, assim explica Avelar (1978, p. 22):

> A palavra "espírito" pode designar a inteligência e também o princípio da vida transcendente que se serve do corpo, da inteligência e do mundo para realizar seu destino. Lubienska põe esses dois significados mais comuns de "espírito" e conclui que, considerando-se o espírito como inteligência, a vida do espírito consistiria na vida intelectual e na atividade mental. No entanto, considerando-o princípio de vida transcendente, temos, aí, o verdadeiro sentido de vida espiritual. E é neste sentido de "vida transcendente" que Lubienska emprega o termo "espírito".

Baseada na compreensão bíblica paulina,[2] a pedagoga identifica corpo, alma e espírito como sendo as dimensões física, psicológica e espiritual respectivamente. Porém a relação entre as três indica a supremacia do espiritual sobre o psicológico, do psicológico sobre o físico, até que o primeiro tenha dominado aquilo que considera ser a "matéria" do ser humano.

O processo educativo, para Lubienska, consiste na subordinação da atitude física e psíquica à espiritual. Isso porque, para ela, o ser humano é um ser em contínua formação e transitoriedade, e seu caminho de crescimento consiste, justamente, em conquistar o corpo e o intelecto, fazendo-os dóceis à vontade do espírito: "Não há mais do que duas atitudes mentais possíveis: aquela que só quer ver a matéria e aquela que reconhece o primado do espírito" (Lubienska, 1948b, p. 26).

É preciso reconhecer uma certa ordem na subordinação de uma dimensão a outra. Para Lubienska, o corpo era movido pela mente, que, por sua vez, era movida pelo espírito. Em sua obra *Silêncio, gestos e palavras* (1959b, p. 159), assim ela se expressa: "Quando a alma se mexe, movida pelo espírito, obriga o corpo a obedecer".

---

[2] Inspirada na Carta de são Paulo aos Tessalonicenses (5,23): "O Deus da paz vos conceda santidade perfeita; e que o vosso ser inteiro, o espírito, a alma e o corpo sejam guardados de modo irrepreensível para o dia da vinda de Nosso Senhor Jesus Cristo".

Explicando o processo pelo qual o ser humano passa até chegar ao domínio do espírito sobre o corpo e a alma, Lubienska (196-, p. 15) acena para dois momentos: um descendente, em que o indivíduo se identifica com seu corpo, e outro ascendente, quando ele se desprende da matéria:

> A grande aventura do espírito pelo domínio da matéria representa uma curva que seria, a princípio, descendente: encarnação, conquista progressiva do corpo pela vontade consciente, até o dia em que, tornado senhor de seus meios e identificando-se o "eu" com a matéria, chegaria ao ponto mais baixo. "Eu sou este corpo", diz ele nesse momento. Mas parte dali ao tomar consciência do seu destino espiritual e começa a desprender-se da matéria. Traça, então, uma linha ascendente para o ponto em que o "eu" livre desse corpo (como diz são Paulo) e consciente de sua natureza espiritual vai unir-se a Deus, "Pai dos espíritos" (Hb 12,9), "para ser um só espírito nele" (1Cor 6,17).

A formação do ser humano consciente pode estabelecer-se a partir do primado das dimensões que compõem o seu "eu consciente". Portanto, para o materialista, o primado será do corpo; para o racionalista, será a alma; e, para o espiritualista, o espírito, que funcionará como dimensão unificadora dos dois anteriores. Ele é a única realidade, e todo o universo material ou intelectual é, de alguma forma, reflexo do universo do Espírito (cf. Lubienska, 1959b, p. 17).

Os sábios da Antigüidade, segundo Lubienska (1959b, p. 154),

> foram incapazes de descobrir, pelos seus próprios meios, as relações entre Deus-Espírito e o mundo material, ora negaram o espírito, ora negaram o mundo. Com a revelação bíblica, houve a intervenção pessoal de Deus neste assunto e interferência direta sobre o pensamento humano, de onde nasceu o conceito original das relações entre Deus e o universo.

Lubienska (1959b, p. 165) chega a identificar o "eu pessoal" com o espírito. Ou seja, somente quando a pessoa está decisivamente orientada pelo espírito é que ela tem a plenitude de sua consciência como ser humano, pois o espírito é capaz de controlar os impulsos considerados desordenados quando o corpo é soberano e quando for possível orientar toda atenção da mente para aquilo que o espírito está ordenando:

> Para evitar que a palavra "eu" se identifique com a matéria e procurar identificá-la com o espírito, emprego com as crianças a fórmula seguinte: "Tu, espírito, vais ordenar ao teu corpo que não se mova, e à tua alma que não se inquiete".

Sendo o "espírito" a única realidade, Lubienska (1959b, p. 131) considera o corpo e a alma como instrumentos para o desenvolvimento harmonioso da personalidade, isto é, ao estabelecimento da supremacia do espírito. Note-se que ela insiste na necessidade de não se separar de forma fragmentada o ser humano. O corpo e o mundo sensível, por ele representado, não podem ser negados nem permanecerem alheios ao processo educativo. Da integração do corpo depende, também, a harmonia do ser. Em *Silêncio, gestos e palavras* (1959b, p. 150), essa tese assim está expressa: "Portanto, o corpo e o mundo sensível estão associados à divina aventura do espírito".

Nessa perspectiva, a função do educador é a de favorecer o amadurecimento do processo de conscientização do próprio corpo e da espiritualização de sua atitude corporal e intelectual. Tudo isso se baseia na crença de que todo ser humano é um ser que aspira à transcendência, mesmo que de forma inconsciente. A missão do educador é explicada por Lubienska (1959b, p. 72) nos seguintes termos:

> A criança tem fome e sede de experiência porque esta forma é o trampolim de onde poderá lançar-se para a única realidade, para essa realidade a que aspira, inconscientemente, todo ser. Transformar a aspiração inconsciente em consciência clara; fornecer as ocasiões de encontro com as realidades do mundo sensível e do mundo do pensamento, eis a missão do educador que quer conduzir a criança até o pleno desabrochar do seu ser físico, intelectual e espiritual.

Tornar essa busca uma busca consciente e orientar a própria vida para este objetivo exige o domínio do espírito e, portanto, tudo isso supõe um ambiente, uma prática e uma intenção educativa que favoreça o processo.

O ser humano enquanto um todo

Para além de uma apresentação das dimensões do ser humano, um tanto compartimentada pela maneira metodológica de apresentá-las, restava a Lubienska uma compreensão mais unitária da pessoa humana na medida em que buscava um elemento dentre os três que cumprisse o papel de dar unidade ao ser. Segundo a pedagoga, esse elemento não é outro senão o próprio espírito.

Mesmo assim, considerando que o "eu" do ser humano não é o corpo, nem o pensamento, nem as emoções, mas algo além da matéria — que Lubienska denomina "espírito" —, como fica o problema da unidade corpo–espírito ou mesmo da unidade corpo–alma? A alma, uma vez encarnada, tem unidade com o corpo? Se tem unidade, como pode ser "instrumento" do espírito, submissa e dominada?

A pedagoga, em sua obra *Pedagogie sacrée* (1966, p. 61), distingue o ser humano "real" do ser humano "aparente". Este último adapta a sua consciência segundo a moda. Esteve impregnado do racionalismo e atualmente é hedonista, buscando, antes de tudo, os prazeres. O ser humano real, objeto da pedagogia sagrada, a quem Deus salva e coloca diante da escolha entre o bem e o mal, é o ser humano capaz de responder, generosamente, ao seu Criador.

Portanto, a unidade pretendida só é alcançada mediante um processo pedagógico, e é na tradição bíblica, sobretudo na liturgia, que Lubienska pretende basear seu método de ensinar. Ao referir-se à tradição bíblica, enaltece a atividade corporal simultânea ao esforço intelectual (Lubienska, 1959b, p. 155):

> Esta tradição permaneceu viva e é posta em prática, diariamente, nas escolas judaicas e árabes, onde os alunos estudam movimentando-se e o balancear rítmico do corpo é considerado favorável ao esforço intelectual. A tradição bíblica permaneceu viva ainda em outro lugar, na liturgia. A liturgia exige movimento; quer que o deslocamento do corpo no espaço seja simultâneo, não alternado, com o esforço psíquico do recolhimento, diferindo, essencialmente, da rotina escolar, ligada ao regime de alternância da atividade mental com a atividade muscular.

É importante notar que a dimensão religiosa da educação é uma contribuição específica de Lubienska para a teoria montessoriana e representa a diferença entre as duas propostas.

No início de seus trabalhos, enquanto Montessori se interessava tão-somente pela experiência científica de sua proposta pedagógica, sem considerar a preocupação religiosa ou colocando-a à parte, Lubienska considerava a educação religiosa como a finalidade última da educação. Nessa perspectiva, fazia-se necessário estabelecer o primado do espírito como realidade metafísica e transcendente que garantisse a unidade do ser humano como um todo. Somente em 1934 é que Montessori e Lubienska parecem chegar a um consenso e até a expressar, nos mesmos termos, a primazia do espírito. De qualquer forma, a segunda continua seu trabalho de aprofundamento da perspectiva espiritualista, de alguma forma presente na proposta da primeira.

Mesmo assim, vai permanecer a originalidade da proposta de Lubienska. "Ela não dissocia a educação religiosa de outra educação. Aliás, para ela nem há outra educação" (Avelar, 1978, p. 101). Já no trabalho de Montessori, essa dissociação entre educação religiosa e educação científica, intelectual, está presente e é clara.

Havia, porém, um ponto para o qual as duas convergiam, e que está expresso nas atas de uma conferência feita por Maria Montessori num curso internacional de educadores realizado em Nice, no ano de 1969: "O ser humano é uno, o dualismo do qual se costuma falar a propósito da natureza humana não existe. O ser humano é uno e a tarefa a realizar é manter essa unidade".

No livro *A educação religiosa das crianças*, Lubienska (1963, p. 53) reafirma a implicação recíproca entre corpo e espírito, inicialmente chamando a atenção para a necessária conquista da harmonia entre os dois, fruto do trabalho educativo: "O equilíbrio do caráter depende da harmonia correspondente entre a vontade e o aparelho motor. Para chegar-se à sincronia, é necessário esforço mental e psíquico".

Segundo Lubienska (1941, p. 157), haveria uma correlação entre as duas dimensões. O corporal e o espiritual interagem, complementam-se: "As atividades mentais e musculares são correlativas: são atitudes do corpo e do espírito que se implicam mutuamente como dois fenômenos concomitantes".

Lubienska entendeu que seria objetivo da chamada educação muscular, tão em voga nas escolas ativas, o estabelecimento de uma estreita correlação entre o pensamento e o aparelho muscular e entre a matéria e o espírito (cf. Lubienska, 1963, p. 165).

Pode-se dizer que as palavras utilizadas pela pedagoga para expressar a relação entre corpo–espírito, entre alma–corpo — "correspondência", "sincronia", "correlação", "concomitância", "implicação" — são termos que aludem à sua concepção não-dualista de ser humano. Ao longo de suas obras, ela irá ressaltar, sempre, a necessária interdependência entre corpo e espírito.

Lubienska (1959a, p. 69) identifica, na concepção de ser humano dos educadores de sua época, o problema do dualismo e considera a filosofia grega como principal causadora da ruptura que tanto prejudicou o trabalho pedagógico. Mesmo não recusando o aristotelismo totalmente, ela não hesita em criticar o pensamento grego: "A filosofia grega opõe matéria e espírito; ela denigre a matéria, considera-a má, como prisão do espírito".

Em *Silêncio, gestos e palavras* (1959b, p. 149), ela opõe a perspectiva grega à bíblica:

> A pedagogia bíblica deriva de uma filosofia subjacente em toda a Bíblia e inteiramente diversa da filosofia grega [...] A Bíblia ignora a matéria, só conhece o corpo, esse corpo que no ser humano está associado à alma e ao espírito para cumprir juntos a vontade de Deus. [...] A originalidade da Bíblia, a independência da sua metafísica implícita reside, precisamente, no fato de, longe de desprezar o corpo ou de negar a matéria, encarar todo o universo como a obra maravilhosa do Criador.

A autora reconhece que Aristóteles até tentou superar o dualismo platônico afirmando a unidade vital entre corpo e espírito, mas essa concepção não parece ter tido repercussão nos meios escolares, observa.

Servindo-se dos escritos do apóstolo Paulo, especificamente da Primeira Carta de Paulo aos Tessalonicenses, Lubienska demonstra a visão não-dualista do pensamento bíblico. Aqui está o texto: "O Deus da paz vos conceda santidade perfeita; e que o vosso ser inteiro, o espírito, a alma e o corpo sejam guardados de modo irrepreensível para o dia da vinda de Nosso Senhor Jesus Cristo" (1Ts 5,23).

Segundo a pedagoga, Paulo sublinha, nesse versículo, o que para ela consistia na revelação da tríplice natureza do ser humano na perspectiva bíblica. É dessa concepção que decorrerá a finalidade da educação. O educador deverá contemplar o ser humano por inteiro "a fim de que ele seja encontrado integralmente no retorno de Nosso Senhor Jesus Cristo" (Lubienska, 1962a, p. 70).

Ela interpreta assim o pensamento paulino:

> Escrevendo em grego, são Paulo serviu-se de termos correntes: *soma, psychè* e *nous*, mas sua concepção de espírito de origem judaica ajusta-se ao vocabulário estrangeiro dentro de um contexto tradicional. Ora, a tradição judaica distingue três almas: a alma vegetativa, a alma intelectual, a alma espiritual. Quem diz alma, diz vida. Então diz, por conseqüência: vida vegetativa, vida intelectual, vida espiritual. Ou, se preferir: a vida é uma só e desenvolve-se em três planos. Entre os planos há correlação e continuidade, até que o mundo do pensamento e o mundo visível existam em função do mundo divino.

Apesar de poder-se demonstrar a defesa que Lubienska faz da unidade do ser humano como necessária para o processo educativo, Avelar também percebe certa dificuldade que ela tem em conciliar o sagrado e o profano. Nesse ponto, a pedagoga e discípula de Montessori parece contradizer a sua perspectiva de unidade do ser. Diz Avelar (1978, p. 40):

> Ao fazer um paralelo entre a pedagogia sagrada e a pedagogia profana, Lubienska parece contradizer toda a sua pedagogia da unidade do ser, dizendo que, num mundo que se tornou profano, onde toda atividade humana é ordenada à posse do bem-estar, o crente é obrigado a um esforço mais consciente, para salvaguardar em si mesmo e ao redor de si as "reservas sagradas" onde, no recolhimento, ele possa estar atento a Deus.

De qualquer forma, a referência tanto ao fundamento teológico-bíblico como, especialmente, ao fundamento litúrgico sustenta uma visão mais unitária da experiência humana: "Unindo a ação humana à ação de Deus, a liturgia tira proveito das interferências que se estabelecem entre o corpo, a alma e o espírito, para colocar em movimento o ser humano inteiro" (Lubienska, 1966, p. 95).

Mesmo considerando que algumas dimensões do ser humano não foram suficientemente destacadas por Lubienska, é possível perceber a contribuição dela para a elaboração de uma proposta pedagógica cujas raízes estão numa visão de ser humano mais total e unitária.

Prioridade do agir sobre o dizer

Lubienska fazia parte da chamada Escola Ativa, proposta pedagógica difundida na Europa que defendia a atividade motora como essencial no processo de aprendizagem. Essa corrente pedagógica teve como principais expoentes, além de Maria Montessori, Edouard Séguin, Friedrich Froëbel e Ovide Declory.

Segundo a pedagoga, valia o princípio de atividade, defendido pelos teóricos da Escola Ativa, para explicar o ser humano e o papel da educação em contraposição à Escola Tradicional, que primava pelo puro exercício intelectual, dissociado da atividade muscular.[3]

Porém, em seu livro A *educação do homem consciente* (196-, p. 15), Lubienska também ensaia uma crítica aos métodos da Escola Ativa. Para ela, não se trata de adotar todo e qualquer tipo de método ativo. É preciso ter uma visão mais ampla da atividade, a qual não estaria, propriamente, no movimento externo, no gesto exterior, na ação expressa pelo corpo, mas no ritmo interior do ser humano, que provoca a ação. É a questão do primado do espírito:

---

[3] Vale ressaltar que a proposta da Escola Ativa e seu princípio de atividade encontram sua raiz no pensamento de Henri Bergson, expresso em seu livro A *evolução criadora*. Para ele, originalmente, o ser humano só pensa para agir e é nos moldes da ação que se moldou nossa inteligência (p. 76).

Vemo-nos, portanto, diante da necessidade de escolher um dos métodos. Qual será o critério a adotar nesta escolha? [...] Para um ser humano que tomou posição, a resposta não admite equívocos. Porque não há mais que duas atitudes mentais possíveis: aquela que só quer ver a matéria, e aquela que reconhece o primado do espírito.

Também, para ela, não se trata de constituir um método de forma eclética, adotando um pouco de cada proposta da Escola Ativa. Isso, segundo ela, não é válido, pois "os métodos ativos não são complementares um do outro, mas incompatíveis entre si" (Lubienska, 196-, p. 13).

De acordo com a pedagoga, existe uma originalidade na proposta de Montessori em relação a outros métodos, como o de Froebel e o de Declory, que propunham exercícios dirigidos pelo professor, regulados de fora, a partir de um ritmo exterior. Em Montessori, a proposta era justamente o contrário: a atividade é fruto da atenção interior, do poder de concentração. Consistiria, pois, num meio para adquirir uma mentalidade (cf. Avelar, 1978, p. 14). Cabe ao professor orientar os educandos para a aquisição de uma modalidade de espírito a fim de, dessa forma, chegarem a ser conscientes e responsáveis. É, portanto, um trabalho de interiorização e, conseqüentemente, de exteriorização dos valores interiorizados.

Em consonância com a proposta montessoriana, Lubienska exprime diversas vezes, em sua obra, a prioridade do agir sobre o dizer, ou seja, do fazer sobre o saber. Um dos princípios fundamentais de Montessori em relação a outras correntes da Escola Ativa foi o de que a atividade na criança não tem finalidade produtiva, ou seja, ela

> não visa a transformar o mundo, mas, por outro lado, contribui para uma obra não menos grandiosa: serve para construir o ser humano [...] A criança constrói sua personalidade movimentando-se. O movimento serve para desenvolver seus músculos, coordenar suas percepções esparsas, fixar sua atenção difusa (Lubienska, 1963, p. 183).

Para Lubienska, portanto, há uma finalidade na ação, no movimento, no gesto. Eles têm um valor também unificador na medida em que buscam a unidade e a coerência com o pensamento. A isso tudo acrescenta-se a dimensão prazerosa da atividade. Lubienska (1963, p. 183) ressalta que a criança sente alegria em realizar esse esforço. Quando os adultos colocam a busca de resultados produtivos como objetivo da atividade, põem em risco o impulso espontâneo da criança e tiram a alegria, que é sinal de muita vida.

A pedagoga propõe, então, que toda atividade corporal visando ao domínio do corpo seja progressiva e realizada com calma. No processo de tornar-se "dona de seu corpo", deve ser garantida à criança a liberdade dos gestos e movimentos. Aos poucos, a consciência, identificando-se com o espírito, conquista o corpo e a inteligência. Todo esse processo tem como finalidade tornar o educando consciente de seu próprio corpo, de seus gestos e comportamentos a fim de evitar impulsos e de proporcionar a escolha livre do bem.

Numa perspectiva psicológica, segundo Lubienska (1963, p. 184): "A atividade não é outra coisa senão a consciência que ele toma de si mesmo: é uma afirmação do eu. [...] Para tornar-se senhora de si e ultrapassar-se, a consciência deve exteriorizar-se".

Nesse sentido, a liturgia é modelo de escola: cada gesto corresponde a uma oração, a um sentido. "E toda oração é ação" (Lubienska, 1963, p. 184), mas também a ela não se limita, senão permaneceria no nível da afirmação do eu. "A oração também é um esforço para transcender o próprio eu" (Lubienska, 1963, p. 185). Em *Pedagogie sacrée* (1966, p. 88), a autora revela em que ponto os gestos litúrgicos, realizados de forma consciente e espiritual, podem ser considerados como causadores da unidade pretendida do ser humano: "Tanto quanto a pedagogia sagrada, a liturgia tem algo de surpreendente: ela não se situa no plano do nocional, mas sob o plano da ação. Por que isso? Porque somente a ação dá unidade ao ser complexo e dividido".

Dessa forma, fica, portanto, explicada a função integradora e harmonizadora da ação litúrgica.

Principais influências

Além da base montessoriana, a obra de Lubienska consta de inúmeras referências a várias correntes de pensamento. Vale destacar que a Bíblia e a liturgia consistiram nas mais importantes. Em suas primeiras obras, a pedagoga dedicou-se a estabelecer uma ponte entre o pensamento dos Padres da Igreja e os estudos de especialistas de história dos ritos, servindo-se, de modo especial, das liturgias orientais. A partir de 1952, seus escritos registram também outras fontes, como os místicos espiritualistas. Na base filosófica de sua obra, estiveram presentes os trabalhos de Henri Bergson e Maurício Blondel.

Com relação à Bíblia, a quantidade de citações já aponta para a primazia dessa fonte nas obras de Lubienska, que vai além do simples uso da antropologia bíblica. São mais de mil referências. Praticamente nenhum livro da Bíblia deixa de ser citado em seus livros.

Transparece, nas citações, uma relação muito pessoal e afetiva mantida entre a pedagoga e a Bíblia. Não a tinha, simplesmente, como referência científica para demonstração de suas idéias. Ela se referia ao Livro Sagrado como sua própria linguagem (cf. Neyret, 1994, p. 234). Além disso, dedicou alguns de seus escritos à Bíblia, como *O universo bíblico em que vivemos* (1962a).

Essa profunda ligação de Lubienska com a Bíblia tem sua origem na formação que ela recebeu desde sua infância, quando freqüentou, ainda menina, o colégio dirigido pelas irmãs da Imaculada Conceição, na Polônia.

Em outro livro, *L' education du sens religieux*, está presente outra de suas principais fontes: os Padres da Igreja, como João Crisóstomo, Basílio, Gregório, Ambrósio (cf. Lubienska, 1949b, pp. 131-132, 139, 165). É necessário perceber que a aproximação de Lubienska com os Padres da Igreja não se faz tanto pelos trabalhos de interpretação ou exegese bíblica, ou mesmo pelos tratados teológicos deles. Ela, essencialmente, baseia-se nas reflexões que eles fazem a respeito do valor educativo da liturgia. Ou seja: ela buscou neles o que interessava à sua proposta pedagógica.

É notória, também, em toda a obra de Lubienska, a referência aos ritos orientais e a seus principais pesquisadores. Ela mostra-se profunda conhecedora das liturgias tradicionais com suas variáveis, especialmente aquelas ligadas aos ritos orientais. Chega a comentar, no livro *As liturgias orientais*, as diversas liturgias com seus ritos particulares, tais como: as liturgias de Alexandria e seus ritos copta e etíope; as liturgias com origem na Índia, com os ritos caldeu-malabar e siro-malankar; as liturgias derivadas de Antioquia, como as liturgias síria, armênia, maronita, bizantina e caldéia.

Esse conhecimento deve-se ao seu contato com obras de especialistas em história dos ritos, como Durchesne, que escreveu *As origens do culto cristão*, citado inúmeras vezes por Lubienska em *As liturgias orientais* (cf. Lubienska, 1967, pp. 1, 22, 36, 48, 52-53). Também o estudioso da história dos ritos, Dom Cabrol (*Livro da antiga oração*) era conhecido e a ele faz referência em *L'education du sens religieux*, retomando o comentário sobre os gestos litúrgicos dos primeiros cristãos e a reflexão sobre o pai-nosso (cf. Lubienska, 1949b, pp. 73, 222).

Em *Silêncio, gestos e palavras* (1959b, p. 126), ela elogia o trabalho de investigação da história dos ritos, especialmente daqueles que se dedicaram ao estudo dos ritos presentes em culturas específicas e de Igrejas dissidentes do Oriente Próximo. Dentre eles, destacam-se A. Baumstark, autor de *Liturgie comparée*, e Thomas Ohm, que escreveu, em 1948, a obra *Die Gebetsgebärde der Völker und des Christentums*.

> Quão apaixonante é o trabalho do investigador que quiser estudar os costumes arcaicos dos grupos étnicos semitas e das Igrejas dissidentes do Oriente Próximo, com o fim de as aproximar das tradições católicas! Falta fazer, para os gestos, o mesmo que Baumstark fez para os textos, pesquisando os manuscritos antigos. Só um estudo comparado dos gestos litúrgicos permitirá estabelecer uma liturgia comparada completa.

As leituras sobre a história dos ritos e sua admiração e apreço pela originalidade de cada manifestação cúltica fazem de Lubienska uma profunda conhecedora dos ritos litúrgicos e de suas variáveis, permitindo uma visão ampla da evolução dos ritos ao longo da história (cf. Neyret, 1994, p. 237).

Outras fontes para o trabalho dessa educadora foram as técnicas hindus, especialmente a ioga. A aproximação dela com o *hinduísmo* vai dar-se, especialmente, pelas respostas às suas interrogações de ordem antropológica e filosófica, no que se refere à visão não-dualista presente no monismo não-teísta de Sankara (IX a.C.) e no monismo teísta de Ramanuja (XII a.C.), ambos pertencentes à escola Veda do hinduísmo. A pedagoga não conheceu profundamente os mestres hindus, mas chega a citá-los em meio a outros filósofos.

> A metafísica poderia ser considerada como um itinerário do pensamento do ser humano para o pensamento de Deus. Nesse caso, Platão, Aristóteles, Ramanuja e Sankara estão em viagem. São Paulo e são João chegaram ao termo (Lubienska, 1962a, p. 80).

Lubienska estudou as práticas hindus através dos trabalhos do professor Radhakrisnan (1962-1967), filósofo indiano, professor de Religião Oriental da Universidade de Oxford (cf. Neyret, 1994, p. 243). A partir disso, ela constatou que a definição de ser humano presente na ioga aplicava-se, perfeitamente, ao método montessoriano. Reconheceu que a prática da ioga é admirável e eficaz. Admirou, sobretudo, sua constância e precisão. Lubienska alerta, no entanto, que "os pensadores hindus e a elaboração da ioga [...] revelam uma metafísica estranha à Bíblia" (1966, p. 5).

A partir de 1952, a pedagoga, em suas obras, citará, algumas vezes, o místico mestre Eckhart. Usa, de modo especial, enunciados concernentes ao modo de conhecer a Deus, as relações entre a alma e Deus, o lugar da natureza e da graça, as condições para escutar a Palavra de Deus. Essas temáticas refletem as principais idéias que se propagavam nos círculos espirituais, essencialmente místicos, dos tempos do mestre Eckhart. "Se nós estamos em Deus, na verdade é Deus que está em nós [...] A interioridade espiritual é essencialmente uma dependência de Deus" (Lubienska, 1949b, p. 133).

Apesar de nem sempre citar a sua fonte, é a partir dela que se pode entender a insistência de Lubienska em relação a temas como "vida interior" ou "espaço interior". Esses estão presentes nas analogias de

Eckhart. Vê-se essa inspiração sobre o fundo da alma ou o "mais interior da alma". Sua obra *Le silence* é um bom exemplo de texto inspirado nas obras do mestre Eckhart. Vê-se tal inspiração, especialmente, nas referências que ela faz ao silêncio: "O silêncio é indispensável ao ser humano para descobrir o seu espaço interior [...] O silêncio de Deus é falante" (Lubienska, 1954, p. 46).

Além de mestre Eckhart, Lubienska é influenciada por Hadewijch de Anvers (cf. Lubienska, 1959a, p. 238; 1966, p. 83). Em algumas de suas obras, também se refere ao pensamento de Julian of Norwich (cf. Lubienska, 1962a, pp. 91, 109). De são João da Cruz ela adota o aforisma: "Deus tem uma só Palavra, é seu Verbo e seu Filho. Outras palavras ele disse no seu eterno silêncio e no eterno silêncio é que a alma entenderá" (Lubienska, 1959a, p. 24).

Desde as suas primeiras obras, a pedagoga reporta-se ao pensamento de dois grandes filósofos representativos da corrente espiritualista do século XX: Henri Bergson e Maurice Blondel.

De Bergson Lubienska irá adotar especialmente o conceito de "intuição". Segundo ela, "o silêncio interior é um modo de conhecer direto, imediato, que, após Bergson, foi designado por 'intuição'" (Lubienska, 1949b, p. 113). Mesmo reconhecendo que esse conceito já existia antes mesmo de Bergson, o importante, para ela, é fazer notar a originalidade e a novidade do significado que ele deu ao termo. A pedagoga afirma que o segredo da intuição consistiria na faculdade de simpatia do sujeito que vai até a identificação com seu objeto (cf. Lubienska, 1949b, p. 114). Essa idéia nos aproxima da de Bergson, para quem a intuição é uma espécie de simpatia pela qual a pessoa se transfere para o interior de um objeto, coincidindo, assim, com aquilo que existe nele de único e, por conseguinte, de inexprimível.

Lubienska procura encontrar, na doutrina bergsoniana, algumas noções que justifiquem o seu princípio pedagógico, segundo o qual há a participação do corpo na atividade do espírito: "Que a vida intelectual, para se desenvolver, tenha necessidade de atividade especial; que a mão seja auxiliar do cérebro, ninguém, sobretudo após Bergson, ousaria negá-lo" (Lubienska, 196-, p. 23).

Da mesma forma, apoiando-se também em Bergson, ela justifica o princípio de liberdade da pedagogia montessoriana:

> Para resolver a questão (da liberdade), Bergson a transpôs do plano especulativo para o plano psicológico, e lá, pela observação dos fatos, ele chegou à seguinte conclusão: o homem é livre tanto quanto é consciente. Um ato é livre tanto quanto é querido. A evolução vai do inconsciente ao consciente. Todo progresso é uma conquista, uma libertação das contingências, e, em alguns casos, liberdade significa triunfo da consciência e sinônimo de responsabilidade. [...] A concepção bergsoniana de liberdade encontra, no meu modo de ver, no método Montessori, uma aplicação prática [...]. Penetrando nas questões psicológicas, ela descobriu, assim como Bergson, que a liberdade e a consciência são correlativas e complementares uma à outra. Ela portanto elabora uma disciplina de trabalho que favoreça a liberdade ativa e o esforço consciente (Lubienska, 1946, p. 92).

Como é possível notar, ela se apóia no pensamento bergsoniano para elaborar seus conceitos básicos de liberdade, participação do corpo, atividade do espírito e intuição.

Já com relação ao pensamento de Maurice Blondel, Lubienska, em seu livro *L' education du sens religieux*, inicia um capítulo sobre o domínio da consciência, ilustrando-o com uma expressão desse pensador: "A vida é a metafísica em ato". De fato, com esses mesmos termos, a pedagoga irá expressar-se em seu livro *A educação do homem consciente* (Lubienska, 196-, p. 87): "O educador é um metafísico, pois toda educação é a metafísica em ato".

Entre as obras de Blondel citadas pela pedagoga estão *A ação* e *O itinerário filosófico*. Desse último, ela era muito conhecedora. Comentando as idéias dele a respeito da ação, assim se expressa: "Em suas conversas com Frederico Lefevre, M. Blondel projetou feixes de luz sobre a complexidade e o poder da ação" (Lubienska, 1966, p. 40).

São diversas as citações que Lubienska faz de Blondel. É possível identificar na obra dele algumas idéias mestras que perpassam o pensamento da pedagoga: a afirmação da solidariedade do físico e do moral, a necessidade do exercício corporal e da unificação dos atos. Padre Augusto Valensin, um grande conhecedor da obra de Blondel e do trabalho de Lubienska, não hesita em afirmar que o trabalho dela é a própria aplicação dos princípios filosóficos de Blondel (cf. Neyret, 1994, p. 261).

Além de Bergson e Blondel, a pedagoga cita, ainda, outros filósofos: Aristóteles, apresentado como aquele que, filho do seu tempo, participou da elaboração de uma filosofia não totalmente dualista e que avançava na compreensão do ser pela afirmação da unidade vital entre corpo e espírito (cf. Lubienska, 1959b, p. 154). Ela faz, ainda, referência a Husserl e aproxima as concepções dele da antropologia paulina (cf. Lubienska, 1941, p. 7). De Kierkegaard ela usa a expressão: "O corpo foi dado à alma para purificá-la" (Lubienska, 1959b, p. 150).

Fundamentos pedagógicos

Objetivos da educação

Para Hélène Lubienska de Lenval, o objetivo da educação é, antes de mais nada, espiritual. Em suas obras, ela esclarece seu pressuposto antropológico que vê o ser humano como aberto ao infinito e diretamente voltado ao encontro com o Transcendente. É nesse encontro que o ser humano se realiza plenamente como pessoa.

A visão espiritualista designa esquematicamente o estado de consciência do ser humano que mede seus limites e reconhece que há algo maior do que ele, e que o ultrapassa. Ou seja: uma apreensão intuitiva do infinito (cf. Lubienska, 196-, p. 16).

A educação que visa a esse processo de abertura ao Transcendente cuidará de "favorecer o desenvolvimento da personalidade, impulsionando o esforço" (Avelar, 1978, p. 34). É, portanto, uma proposta pedagógica de tendência metafísica. Para atingir tal objetivo, a educação deve favorecer o desenvolvimento do educando como um todo, em suas dimensões corporal, psíquica e espiritual, sem alternância, mas a partir do primado do espírito, que unifica a experiência educativa.

> Atitudes não se improvisam. Antes de sermos capazes de estar atentos perante Deus, precisamos estar atentos ao nosso trabalho; antes de sermos dóceis à graça, precisamos ser senhores de nossos atos. [...] Trata-se de uma coisa completamente diferente: de pôr a atividade corporal e a atividade psíquica a serviço do espírito (Lubienska, 1959b, p. 77).

A educação, para Lubienska, tem por objetivo a "formação do ser humano consciente", que é, em última análise, o domínio do espírito sobre a alma e o corpo, fruto de uma atividade livre e responsável. Um ser humano, portanto, capaz de responder por seus atos.

Com relação à metodologia, a proposta pedagógica da educadora prevê a garantia de métodos, técnicas e processos educativos que visem à verdade do ser humano, ao equilíbrio do ser, principalmente em suas dimensões física, psicológica e espiritual. Consciência, instintos e emoções devem ser orientados pelo espírito, responsável pela unidade do ser.

Avelar (1978, p. 36) explica essa perspectiva educativa de Lubienska nestes termos:

> Não é possível desenvolver a consciência sem um clima de liberdade e a possibilidade de exercê-la. Não é possível o domínio pessoal sem a educação da atenção. Não é possível educar a atenção sem atividade espontânea. E não é possível a educação sem que tudo isso aconteça simultaneamente. Eis por que Lubienska insurge-se contra a escola que ignora ou menospreza qualquer dos aspectos do ser humano.

Portanto, pode-se concluir que, não obstante tendo colocado o espírito acima das demais dimensões do ser humano, Lubienska, na verdade, busca um princípio que unifique a experiência humana sem que seja necessária a exclusão ou a indiferença às outras dimensões, o que, geralmente, acontecia nas várias propostas pedagógicas do seu tempo.

Pedagogia profana e pedagogia sagrada

Lubienska apresenta-se como educadora espiritualista e estabelece em seus escritos, especialmente em *Pedagogie sacrée* (1966), a diferença entre pedagogia profana e pedagogia sagrada.

Segundo ela, a pedagogia profana é aquela que dispensa a referência a Deus no processo educativo. Ao contrário dessa, a pedagogia sagrada é marcadamente teísta e eclesial e apóia-se, basicamente, na Bíblia e na liturgia.

> Somos, então, levados a reconhecer a necessidade de uma distinção muito clara entre a pedagogia profana e a pedagogia religiosa. À pedagogia profana compete transmitir a bagagem cultural da humanidade e facilitar as relações entre os seres humanos; os seus métodos subordinam-se às variações históricas. À pedagogia religiosa compete transmitir a Revelação e estabelecer as relações do homem com Deus; possui o seu próprio método autônomo, independente das flutuações históricas, que é, como vimos, a liturgia (Lubienska, 1959b, p. 42).

Com o termo pedagogia sagrada, Lubienska designa todo o conjunto de processos, técnicas e métodos educativos dirigidos às crianças e jovens. O principal objetivo dessa pedagogia é garantir a relação do ser humano com Deus. "A pedagogia sagrada é a arte de tornar o homem atento a Deus. Essa arte, Deus a manifesta na Bíblia. A liturgia o sugere por seus procedimentos tradicionais" (Lubienska, 1966, p. 9).

A relação entre a pedagogia sagrada e a profana é unilateral. Para a educadora, somente a primeira tem algo a oferecer à segunda. Em nada esta última pode favorecer à sagrada, apesar de Lubienska reconhecer o valor e a necessidade das duas.

Concepção didática

Hélène Lubienska de Lenval desenvolveu sua experiência pedagógico-religiosa com crianças especialmente nas décadas de 1950 e 1960. Busca aplicar a intuição metodológica de Montessori à educação religiosa. Partia do princípio de que era preciso, antes de mais nada, desenvolver a consciência corporal e psicológica que levasse ao desenvolvimento espiritual. Para ela, a educação consistia em levar as crianças ao pleno desenvolvimento de sua personalidade humana, tornando-as conscientes em todo o seu ser unitário: corpo, alma e espírito. Essa pedagoga pensava atingir a educação integral da criança basicamente através da educação física, da educação intelectual e da educação espiritual, cada uma delas vista e realizada no seu próprio momento e em conjunto:

> O equilíbrio do caráter depende da harmoniosa correspondência entre a vontade e o aparelho motor. Para atingi-lo, é necessário sincronizar o esforço mental e físico. Tal é o objetivo da educação muscular e do material didático montessoriano destinado a provocar um gesto cada vez que o espírito dá um passo no campo intelectual (Lubienska, 1963, p. 149).

Em Lubienska, não há uma proposta de educação física que não leve em conta, ao mesmo tempo, uma educação espiritual. Da mesma forma, não defende uma educação espiritual que não seja, também, educação física.

Segue uma síntese das várias dimensões da educação, assim como entendia Lubienska, influenciada pelo método Montessori e enriquecida pelo método litúrgico-bíblico.

Educação corporal

Em Lubienska, o que importa é a educação do homem, consciente de que, enquanto ser humano, é um ser em atividade. Ao tornar consciente essa atividade física, que ele realiza com o corpo, chega-se ao ser humano plenamente consciente de si mesmo e senhor de seus atos.

O tema é desenvolvido na primeira parte de A *educação do homem consciente* (cf. Lubienska, 196-, pp. 15, 19-20, 28), em que são apresentados exercícios de ginástica, de equilíbrio, de precisão; exercícios inspirados, em grande parte, em Montessori, como a típica marcha sobre uma linha em forma de circunferência e a análise dos movimentos. Esses exercícios, somados à disciplina física, devem também proporcionar o desenvolvimento moral. Apesar de não terem aparentemente nada de original, constituem um aprendizado com o qual a consciência da criança, identificando-se com o espírito, promove a conquista do corpo e da inteligência.

A dança, por exemplo, que exige esforço e atenção para produzir a típica impressão de beleza — fruto de movimentos precisos, ritmados e sincronizados — é exercício da obediência. Da mesma forma, a lição do silêncio, que comporta a disciplina da imobilidade juntamente com a disciplina do movimento, é expressão do domínio de si. Lubienska propõe, ainda, exercícios de análise dos gestos, movimentação, cantos com mímica, recitação etc.

Se assim for realizada, a educação corporal leva as crianças a serem senhoras de si, atentas e reflexivas, conscientes e responsáveis, disponíveis à submissão e à obediência a Deus, tanto que podem dizer "'Eis-me aqui, Senhor!' também com o corpo, com as mãos obedientes e falantes, com atitudes e comportamentos externos de respeito e reverência, de gentileza e de garbo, tradução do sentido sagrado que está na alma" (Lubienska, 1957, p. 55). Pode-se, então, perceber a importância que Lubienska dá à oração, expressa pelos gestos do corpo desenvolvidos na educação religiosa. Essa oração culminará na comunhão com o próprio corpo de Jesus na eucaristia, dom de si mesmo.

Tendo como base o exercício físico de estilo montessoriano, Lubienska realiza, gradualmente, a educação corporal e, enquanto busca o desenvolvimento físico do indivíduo, busca, também, o desenvolvimento psíquico-social.

Lubienska está preocupada sobretudo com a recuperação do estatuto do corpo e de sua dignidade, do trabalho educativo como instrumento do espírito. Segundo ela, "a dignidade do corpo vem justamente de ele ser o instrumento do espírito; é o seu sócio, num universo em que tudo é, simultaneamente, real e simbólico, efêmero e orientado para a eternidade" (Lubienska, 1959b, p. 49).

Em última análise, o corpo é visto por ela como criatura de Deus, imagem do espírito, companheiro do espírito, destinado a participar com ele da vida eterna.

Educação intelectual

Esse tema foi amplamente desenvolvido na segunda parte de *L'education de l'homme conscient;* nos três primeiros capítulos de *Entraînement à l'attention;* e em *La méthode Montessori.* Mesmo em se tratando do ensino da matemática, da história, da gramática ou ainda da poesia e do latim, nessas obras a educação intelectual não deveria ser entendida como mera erudição, mas como autêntica formação, que responde às mais profundas exigências da criança.

Trata-se, antes de tudo, de dar "à inteligência o seu nutrimento intelectual, como ao estômago se dá o alimento material" (Lubienska, 1948b, p. 87; 1966, pp. 53-54), oferecendo à inteligência o contato direto com o fato científico e com a obra de arte.

No ensino da matemática, por exemplo, não se partirá jamais das fórmulas, mas serão oferecidos às crianças, sempre, os meios que as levem a descobrir a verdade empiricamente, assim como aconteceu com Arquimedes (cf. Lubienska, 1959a, p. 54). "A probidade intelectual, de fato, exige que a verdade seja conhecida empiricamente antes de ser formulada" (Lubienska, 1959a, p. 52). Essa mesma perspectiva, válida para a matemática, valeria também para a religião. Para chegar a isso, é necessário esforço, reflexão sobre o próprio trabalho e atenção a ele. Sem esforço não é possível educação intelectual — que requer para superar as dificuldades próprias de cada disciplina — nem educação espiritual. Essa exige o empenho da vontade, sem a qual não se concretizaria. Já a reflexão leva a criança a adquirir uma nova ou maior sensibilidade para perceber o mundo em que está inserida, tornando-se senhora de si, mais consciente (cf. Lubienska, 1948b, pp. 102-109).

A educação intelectual deverá conduzir a inteligência à clareza e à ordem, que farão transparecer a calma, a serenidade e a confiança necessárias à alma, conforme Lubienska explica em seu livro *A trégua de Deus* (1962b). Dessa forma, uma vez que do âmbito das letras e da matemática se passará ao da religião, poder-se-á passar da reflexão sobre o próprio trabalho e da atenção a ele à meditação e à atenção a Deus, e da contemplação intelectual ou natural à contemplação religiosa e sobrenatural, mediante a ascese (cf. Lubienska, 1948a, p. 58).

Educação espiritual

Sabemos que a educação espiritual é a grande preocupação de Lubienska. Para ela, assim como a inteligência necessita de um alimento intelectual, a verdade, também o espírito tem necessidade de um alimento espiritual, Deus. O desejo desse espírito é conhecer o Transcendente. A isso tende a educação espiritual.

Em seu livro *L'education de l'homme conscient*, ela sublinha: "Confunde-se demais o 'pensamento' com o 'espírito'" (Lubienska, 1948b, p. 24). E explica, segundo a terminologia paulina: "O espírito é a raiz vivente e dinâmica da pessoa, a fonte da sua lucidez e liberdade, susceptível e aberta ao Espírito do próprio Deus" (Lubienska, 1957, p. 88). Diz ainda: "Segundo a terminologia de são Paulo, corpo e alma formam a carne e devem submeter-se às exigências do espírito" (Lubienska, 1957, p. 88).

Quando fala de educação espiritual, Lubienska está falando de vida espiritual, vida interior. Para ela, essa "vida espiritual" já está contida na educação religiosa. A vida espiritual é, de fato, essencialmente vida em toda a sua plenitude, pois não somente o espírito, mas todo o corpo é de fato partícipe, com a educação religiosa, da vida divina, vivenciada de modo particular na liturgia, com a qual Lubienska quer identificar sua pedagogia.

Educação religiosa

A educação religiosa é o eixo em torno do qual gira a proposta de Lubienska. Ela pressupõe, interpreta e orienta a educação física, intelectual e espiritual, e propõe-se a dar ao homem a sua verdadeira dimensão. Juntas as dimensões humana e divina, a pedagoga considera que o grande objetivo da educação religiosa seria o de restituir ao ser humano a sua integralidade, e este ser integral é o ser unitário de corpo, alma e espírito.

A educação religiosa, que acontece nas aulas de religião, fundamentadas no modelo vivo da Bíblia e da liturgia, propõe-se, ainda, a conduzir o ser humano a viver no "universo bíblico". Para Lubienska, somente na educação religiosa e por meio dela é que se educa o ser humano, considerado na sua realidade total, no seu humanismo teocêntrico, como definia Maritain (cf. 1959, p. 81).

Apenas a partir da educação religiosa é que se pode falar de educação "humana", porque sem essa dimensão o ser humano não é totalmente humano, segundo a compreensão de Lubienska.

Proposta de educação para a ritualidade em Lubienska

Liturgia como modelo para a educação

Para Lubienska, a liturgia é o modelo no qual a pedagogia desenvolvida por religiosos deve espelhar-se para desenvolver seus processos de ensino–aprendizagem, pois a liturgia integra todas as dimensões do ser humano.

> O educador religioso nada deve ir buscar na rotina escolar, nem nos métodos antigos, nem nos métodos modernos; deve procurar seus modelos em outra parte — na pedagogia tradicional da Igreja, isto é, na liturgia (Lubienska, 1959b, p. 38).

A pedagoga chega a reconhecer a liturgia como método pedagógico ideal para ser utilizado por um sistema de educação mais integral:

> [...] método pedagógico no sentido estrito, a liturgia comporta todos os elementos essenciais constituintes de um sistema de educação coerente — um meio favorável ao recolhimento (a Igreja), uma disciplina muscular e sensorial (atitudes dos gestos) e uma cultura intelectual (leituras bíblicas) (Lubienska, 1959b, p. 42).

Vale lembrar que a educação religiosa desenvolvida por Lubienska adotava a liturgia por reconhecer-lhe a propriedade de estabelecer uma relação direta com o Transcendente por meio da experiência ritual. Assim ela se expressa:

> A educação religiosa propriamente dita é feita, nas nossas escolas, por ação direta da liturgia. Qualquer que seja a idade das crianças e o programa de instrução religiosa, é necessária uma só coisa — estabelecer relações diretas com Deus — e, para aí chegar, não há melhor meio do que a liturgia (Lubienska, 1959b, p. 158).

Portanto, Lubienska tinha a liturgia como método básico para o ensino da religião não apenas por conta do caráter sagrado que lhe é próprio, mas porque apresenta vantagens de ordem pedagógica que nem os métodos tradicionais, nem aqueles de sua época, puderam considerar.

> A pedagogia antiga dissociou o esforço mental do esforço psíquico. Ela confunde disciplina com imobilidade em sala de aula e tolera algazarra no recreio. A pedagogia nova, para favorecer o esforço espontâneo do ser humano, sacrifica, freqüentemente, a disciplina do pensamento. [...] A pedagogia moderna orgulha-se de ser filha da ciência experimental, redescobriu dois aspectos essenciais de uma educação completa e que a pedagogia antiga havia negligenciado: o meio material e a atividade muscular. Mas terminou por esquecer outros dois aspectos: a disciplina do pensamento e a referência do espírito (Lubienska, 196-, pp. 13-14).

A liturgia, na compreensão de Lubienska, provoca a unidade do "homem múltiplo". As escolas tradicionais haviam, efetivamente, dissociado a pessoa humana, fazendo alternar a atividade motora — na aula, imobilidade; no recreio, fúria desenfreada (cf. Lubienska, 1959b, p. 42).

A Escola Ativa, ao contrário do que se pensa, não rompeu com essa alternância, apenas diminuiu as horas de esforço mental e ampliou os exercícios e jogos. Por isso, para Lubienska (1959b, p. 72), "somente a liturgia mobiliza, simultaneamente, o homem todo inteiro: o espírito, a alma e o corpo (1Ts 23), tornando o corpo e a alma dóceis instrumentos do espírito".

Quando aponta a liturgia como modelo, ela propõe que, em vez do princípio de atividade proposto pela Escola Ativa, seja considerado o princípio da simultaneidade. Este, segundo ela, somente a liturgia consegue proporcionar:

> A liturgia exige movimento; quer que o deslocamento do corpo no espaço seja simultâneo, e não alternado, com o esforço psíquico do recolhimento, diferindo essencialmente da rotina escolar, ligada ao regime de alternância da atividade mental com a atividade muscular (Lubienska, 1959b, p. 155).

Lubienska chegou a criar e desenvolver, a partir da liturgia, um material didático até mesmo para outras disciplinas.[4]

Sendo a liturgia um modelo para a práxis pedagógica e, mais especificamente, para aquela religiosa, ela passa, também, a ser considerada como critério utilizado pela própria Lubienska para avaliar sua prática pedagógica:

> É a ela que recorremos para tomar decisões, para analisar, para julgar e para escolher. Graças a ela, não achamos impossível conciliar as experiências do programa com as iniciativas pessoais, com a disciplina e com a liberdade (Lubienska, 1959b, p. 73).

Em *Silêncio, gestos e palavras* (1959b, p. 73), a pedagoga chega a comparar a sua atividade em sala de aula com uma celebração litúrgica: "Adotei a solenidade como regra: que toda a atividade, sobretudo a lição de religião, seja uma verdadeira 'celebração'".

A seguir, ela apresenta os resultados dessa prática:

> [...] uma quantidade de problemas insolúveis dissolveram-se por si mesmos. Desapareceu o dualismo, a oposição entre matéria e espírito, movimento e

---

[4] Lubienska desenvolveu, a partir da liturgia, uma técnica para o ensino de história. Tratava-se de um quadro panorâmico das civilizações do Mediterrâneo que ficou conhecido como "linha do tempo" (LUBIENSKA, 196-, pp. 59-61). A proposta do quadro expressava uma concepção dos fatos da história a partir de uma visão global e conjunta e, descendo à sua cronologia, ajudava a criança a valorizar os antepassados como construtores do presente em que vivemos (AVELAR, 1978, p. 106).

atenção, silêncio e palavra, entre o meu e o nosso; acabou a contradição entre um cristianismo teórico, que prega a humildade e o desapego, e a rotina escolar, que estimula a vaidade e a cobiça (Lubienska, 1962, p. 196).

A liturgia é, para Lubienska, muito mais do que uma disciplina a ser estudada pelos que quisessem aprofundar sua experiência espiritual: representa um modelo de método a ser seguido por todo educador, uma vez que ela consegue considerar, de maneira mais total, a pessoa humana, sem rupturas e de forma mais harmoniosa.

Gestos litúrgicos como expressão do primado do espírito

Com base na antropologia bíblica, Lubienska concebe o ser humano em três dimensões: corpo, alma e espírito, sendo este último aquele que realiza a unidade dos dois anteriores. Lubienska (1959b, pp. 13, 149) insiste, sempre, na submissão do corpo à alma e dos dois ao espírito:

> [...] queremos levar nossos músculos a submeterem-se às ordens do espírito. [...] o corpo torna-se um auxiliar da alma no seu esforço para se elevar até Deus, por meio da oração [...]. A atitude corporal será, então, o símbolo da atitude do espírito. [...] Melhor do que a palavra, o gesto exprime as tendências profundas do ser.

Em seu livro *Silêncio, gestos e palavras* (1959b, p. 160), assim ela se expressa: "A liturgia põe de acordo a alma com o corpo, submetendo ambos ao ritmo do Espírito".

Para Lubienska, o gesto é o meio que permite à pessoa participar ativamente da celebração ("agir la messe") e viver as atitudes propostas pela Bíblia. Através de sua experiência, ela constata que, reproduzindo os gestos do sacerdote durante a missa, as crianças "são cativadas, comovidas. Elas participam, realmente, da ação sagrada e penetram no mistério" (Lubienska, 1959b, p. 46). Ela sublinha que "a liturgia faz orar os membros; sabe conduzir da prostração do corpo na terra à adoração em espírito e verdade" (Lubienska, 1962b, p. 185).

Contra uma história de quase cinco séculos de racionalismo e "cerebralização"[5] da doutrina cristã, na qual o papel do corpo, na liturgia, havia sido esquecido, Lubienska (1962b, p. 184) recorda o valor mistagógico[6] da liturgia, justamente porque integra o corpo em sua ação:

> A liturgia ensina a viver a fé corporalmente por meio de atitudes exteriores que produzem a atitude interior. Esta se remata finalmente na palavra. Fazer agir, fazer experimentar, fazer compreender sem explicação verbal, tal é a finalidade do gesto litúrgico. É uma linguagem não-sonora, não-nocional: explicá-la é destruí-la.

Assim, além da função de interiorização, Lubienska reconhece, no gesto, a função de exteriorização e de expressão. O gesto externo é, pois, o caminho pelo qual se chega à vivência da espiritualidade. Pelo gesto litúrgico, chega-se à assimilação, à incorporação do texto de uma oração litúrgica e, por ele, chega-se ao sentimento que está contido nele. É preciso "viver a missa corporalmente, conhecer os gestos que exprimem arrependimento, súplica, adoração" (Lubienska, 1966, p. 89). E prossegue: "Nós aprendemos a fazer oração com o corpo, a nos servir dele para exteriorizar as atitudes da alma: o respeito, a obediência, a atenção, o amor, a oferta, a humilhação, a confiança, a gratidão" (Lubienska, 1959b, p. 52).

Didática para a educação litúrgica

Lubienska reconhece que o gesto litúrgico, ao longo da história, foi ficando cada vez mais restrito ao ministro celebrante e aos acólitos, resultando uma menor participação dos fiéis. Principalmente o Ocidente, "com o desaparecimento das indicações do diácono, e, mais tarde, com a introdução dos bancos nas igrejas, fez cair completamente no esquecimento a participação ativa dos fiéis por meio da oração corporal" (Lubienska, 1959b, p. 136).

---

[5] Termo que corresponde à predominância do aspecto intelectual e racional dos estudos teológicos e da catequese tradicional da Igreja.

[6] Mistagogia: termo que indica o trabalho de iniciação ao mistério de Deus.

Portanto, é preciso uma educação litúrgica que recupere o valor do gesto corporal como expressão da fé.

Em suas obras consagradas à educação religiosa, Montessori aconselha que jamais se comece a ensinar religião às crianças por explicações abstratas. "[...] As crianças precisam sobretudo viver melhor e mais intensamente as verdades religiosas" (Montessori, 1956, p. 4). Também Lubienska (1949b, p. 195) fará recomendações semelhantes: "A ação precede a doutrina, a vida precede as idéias".

Enquanto Montessori, em sua proposta pedagógica, aplicava um material didático que as crianças pudessem manipular livremente, Lubienska preferia não utilizar esse recurso, ao menos no que diz respeito à educação religiosa. Numa de suas aulas de iniciação à liturgia, por exemplo, quando havia necessidade de fazer as crianças conhecerem os objetos litúrgicos, ela as conduzia à sacristia para apenas mostrar às crianças os objetos. Parece até contraditório, uma vez que, no método montessoriano, o material didático é, por natureza, manipulável. Talvez esse tipo de conduta se deva ao fato de considerar-se necessário o distanciamento do "sagrado" para que ele permaneça em seu nível simbólico.

Quando pensa na educação do corpo para a ritualidade, ao falar da missa, assim Lubienska (196-, p. 46) se expressa:

> Cada um dos gestos (do sacerdote) é uma prece. Ah, como é fácil compreender essa prece e associar-nos a ela quando se tem, como nós, exercitado os pés em obedecer e as mãos em falar! Eis aí a bela oração do corpo que procurávamos! Oração litúrgica: oração dos músculos, dos ossos, dos nervos, oração da carne e do sangue, oração de ação corporal.

Avelar (1978, p. 41) explica o processo de educação religiosa proposto por Lubienska até chegar à participação ativa na liturgia:

> Desde os primeiros anos de vida, a criança deve ser iniciada. Aos dez anos, ela, provavelmente, já reteve parte dos salmos e dos evangelhos e adquiriu o hábito de introduzir a oração na vida (cf. *O universo bíblico em que vivemos*. p. 30). Aos

poucos, o educando vai tomando gosto pela liturgia. Antes de transmitir-lhe o conhecimento de dados da religião, o mesmo propicia-lhe hábitos de vida que possam traduzir o espírito de fé e um compromisso religioso.

Vejamos como a própria Lubienska descreve, em *Silêncio, gestos e palavras* (1959b, p. 46), os preparativos para uma aula de liturgia:

> Numa sala ou numa igreja desprovida de cadeiras, coloca-se o altar virado para a assistência. As crianças mantêm-se de pé, de mãos postas, e deslocam-se com o celebrante; de olhos fixos nele, são arrastadas pelo ritmo espacial da liturgia e observam, movem-se e escutam. Familiarizadas com uma dezena de palavras latinas, assim como com os simbolismos dos gestos, afirmam compreender tudo.

Na mesma apresentação, ela faz ver que muitos quiseram utilizar suas técnicas para ensinar catequese e liturgia, mas não entenderam bem a proposta e restringiram-se à participação verbal, dificultando, com isso, o processo de unidade entre o exterior e o interior, proposto em seu método:

> Em algumas paróquias adotaram esta minha maneira de agir, fazendo com que as crianças sigam a missa deslocando-se com o sacerdote. Porém, juntaram-lhe as respostas da missa dialogada, e, assim dividida a atenção, o recolhimento é nulo (Lubienska, 1959b, p. 47).

Conclui-se, pois, que a concepção de ser humano em Lubienska aponta para um ser humano unitário constituído pelas dimensões corpo–alma–espírito. Nesse conjunto, é o espírito que tem a primazia e é ele que desempenha o papel de unificador do ser humano. Por essa razão, sua visão de ser humano é considerada do tipo espiritualista. A partir de tal visão, estrutura-se o seu pensamento educacional, cuja principal originalidade reside no papel dos gestos e dos movimentos na educação para a ritualidade, para o silêncio, para a concentração do psiquismo. A liturgia consistiria no lugar onde todo esse trabalho se realiza de forma natural.

Conhecido o pensamento educacional de Lubienska em seus fundamentos e na conseqüente prática pedagógica, resta agora considerar sua influência na experiência concreta do laboratório litúrgico.

Proposta pedagógico-religiosa de Lubienska e laboratório litúrgico

Quando se fala de corpo na liturgia, os criadores do laboratório litúrgico logo estabelecem uma relação com os trabalhos e estudos de Lubienska. Para os que tiveram contato com o método dela,[7] a referência é direta e constante, mesmo não tendo havido um maior e mais específico aprofundamento sobre sua proposta pedagógico-religiosa com o intuito de assumir seus pressupostos teórico-práticos na experiência do laboratório litúrgico. O que se considera é que sua reflexão sobre o corpo na liturgia serviu de base para a elaboração do laboratório litúrgico.

Em Lubienska, podemos dizer que a conquista da unidade do ser só poderia ser atingida por uma nova compreensão do ser humano, formado de corpo–alma–espírito. O espírito funcionaria como princípio unificador na relação com os outros dois. Porém, todos os três permanecem indispensáveis no processo pedagógico. Ação, pensamento e atitude interior formam a tríade da inteireza. O laboratório litúrgico propõe a ligação entre três elementos: o gesto externo, o sentido teológico-litúrgico e a atitude interior-afetiva. No caso, percebe-se a presença da dimensão afetivo-emocional, que Lubienska não põe tanto em evidência. De qualquer forma, ela já traz a contribuição quando chama a atenção para a necessária interação do corpo no trabalho pedagógico, especialmente quando se trata de liturgia. O objetivo do laboratório litúrgico é, pois, estabelecer o equilíbrio dessas três dimensões naquele(a) que executa a ação ritual.

Colocando o espírito em situação de primazia, Lubienska recupera a dimensão espiritual presente no ser humano, negada pelo racionalismo moderno que serviu de base para as diversas correntes pedagógicas. O laboratório litúrgico defende a idéia do Espírito como o elemento unifi-

---

[7] Ormonde, em entrevista ao autor, faz referência aos seus primeiros anos de estudo no seminário, onde as aulas de religião eram dadas segundo o método Montessori-Lubienska. Buyst, por sua vez, recorda seus contatos bibliográficos com os trabalhos de Lubienska.

cador das três dimensões: o gesto externo, o sentido teológico-litúrgico e a atitude interior-afetiva.

Para Lubienska, a educação passa necessariamente pelo processo de conscientização do corpo na medida em que se vai realizando também um processo de espiritualização da atitude corporal e intelectual. Aqui, vale recordar que o laboratório litúrgico começou com um curso de conscientização do corpo (1989). O corpo é o primeiro a ser chamado a abrir-se à ação do Espírito. Abrir a dimensão somática é condição *sine qua non* para que o Espírito possa penetrar livremente.

Há, porém, uma questão que merece ser considerada: se, por um lado, Lubienska ressalta o valor do corpo na atividade e no desenvolvimento cognitivo, por outro lado a questão das emoções, dos sentimentos, não parece estar suficientemente contemplada em sua abordagem. Essa quase omissão do tema deve-se ao contexto histórico no qual se situa a reflexão e a prática de Lubienska. Na época em que desenvolveu sua atividade pedagógica, existia uma forte crítica ao racionalismo enquanto este negava o valor do corpo no aprendizado. Essa crítica era liderada pela chamada Escola Ativa. A questão emocional, por sua vez, não era considerada dimensão particular e fundamental do ser humano. Em alguns momentos, Lubienska chega a surpreender chamando a atenção para a diminuição prazerosa da atividade. Segundo ela, é preciso garantir que esse processo de conscientização do corpo seja feito progressivamente, sem retirar a alegria das crianças em realizar esse trabalho. Por isso, muitas vezes, o que se diz a respeito das emoções, no conjunto da obra de Lubienska, mostra uma certa tendência para considerá-la atitude da alma, do intelecto.

Vale lembrar que também o laboratório litúrgico passou por esta fase. No entanto, mesmo considerando que nas emoções haja a presença do *pneuma* (do Espírito), não se pode confundir a dimensão afetivo-emocional com a razão, nem com a espiritualidade, que é fruto da harmonia entre corpo–coração–mente. Essa reflexão será, ainda, aprofundada no quarto capítulo deste trabalho, dedicado à visão holística.

De qualquer forma, permanece o mérito de Lubienska em ter criticado o dualismo corpo–mente, matéria–espírito, e de ter proposto, pela primeira vez na educação religiosa uma atividade pedagógica que implicasse, mutuamente as dimensões tantas vezes fragmentadas do ser humano.

A idéia de que a atividade é fruto da atenção interior é o princípio da pedagogia Montessori-Lubienska, que marca sua originalidade em relação a outras propostas da Escola Ativa. O conceito de atividade em Lubienska está diretamente ligado ao conceito de consciência. Para ela, o ser humano consciente é aquele que atingiu a capacidade de assumir a responsabilidade dos próprios atos de maneira consciente. Agir, para a pedagoga, é agir conscientemente. Esse princípio foi assumido também pelo laboratório litúrgico. Os exercícios de interiorização do gesto ritual externo são sempre trabalhados a partir da tomada de consciência do seu respectivo sentido teológico-litúrgico e de sua correspondente atitude afetiva. Trata-se, portanto, de buscar coerência e harmonia entre o exterior e o interior da pessoa. Assim Lubienska (1959b, p. 157) se expressa:

> A educação do gesto desempenha nas nossas classes um papel primordial; é pelos progressos da sua conduta que se medem os progressos intelectuais e espirituais [...] O papel ontológico do gesto reside no fato de ser o resultado de uma deliberação interior perante uma escolha.

Para Lubienska, o gesto é, portanto, o meio que permite que a pessoa participe ativamente da celebração. A participação ativa, plena e frutuosa, desejada pela renovação da Igreja e assumida como objetivo do laboratório litúrgico, passa também pela libertação do corpo para a vivência consciente, plena e integral de todo o ser na experiência ritual. Nesse sentido, tanto Lubienska quanto o laboratório litúrgico apontam a primazia do agir sobre o dizer como forma de serem atingidos os objetivos da educação para a ritualidade.

III
Psicodrama

O laboratório litúrgico deve bastante ao psicodrama. Na prática, a estrutura da sessão do laboratório litúrgico tem suas raízes nas sessões psicodramáticas. De alguma forma, também teoricamente, o psicodrama oferece matrizes pedagógicas e filosóficas para o laboratório litúrgico. A seguir, teremos uma visão sintética da teoria e da prática psicodramática, colocando em relevo os elementos pedagógicos que têm uma relação mais íntima com a proposta do laboratório litúrgico.

Criador do psicodrama

Jacob Levy Moreno (1889-1974), criador do psicodrama, nasceu em Bucareste, na Romênia.[1] Era o mais velho de seis irmãos de uma família de judeus sefarditas.[2] A mãe de Moreno teve, porém, formação católica.

É quase impossível falar de Moreno sem fazer uma referência explícita àquela que foi — segundo ele próprio — a primeira sessão psicodramática em que atuou e dirigiu. Aconteceu quando ainda tinha cinco anos de idade. Estando ele com um grupo de amigos no porão de sua casa, puseram-se a "brincar de ser Deus". No meio da sala, em cima de

---

[1] Moreno afirma, em suas biografias, ter nascido num navio que viajava pelo mar Negro e que, portanto, tinha dificuldade de precisar seu lugar de nascimento. De qualquer forma, Bucareste é a cidade na qual ele foi registrado.

[2] Judeus que emigraram para regiões do Mediterrâneo, após terem sido perseguidos e expulsos da Espanha no final do século XV.

uma mesa, empilharam uma grande quantidade de cadeiras, em cujo topo sentou-se o pequeno Jacob para representar o papel de "Deus", enquanto os demais colegas circulavam ao redor da mesa cumprindo o papel de "anjos". Durante a brincadeira, um dos colegas sugeriu a Jacob que, sendo ele Deus, mostrasse seu poder voando. Diante da proposta, ele não hesitou e pulou de uma considerável altura, fraturando o braço direito.

O episódio de "brincar de Deus" teve significativa relevância na elaboração da teoria e da prática moreniana. Para ele, criar é propriedade divina e o ser humano criativo é aquele que quer ser Deus. Todo ser humano guarda em si o desejo incontido de querer ser Deus, ou seja, de agir criativamente diante da realidade e da vida.

Segundo Almeida (1991, p. 17):

> Ele foi um obcecado pelas idéias da criação e da criatividade. Tinha como certo que toda capacidade de criação do adulto seria expansão da criatividade surgida na fase infantil do processo vital. Criar é transfigurar a realidade, é desejar ser Deus, mas é também cair e quebrar o braço prosaicamente... como limite que a realidade impõe.

Transferido com a família para Viena (Áustria), Moreno diplomou-se em medicina no ano de 1917. Além da medicina e do teatro — uma de suas grandes paixões desde jovem —, ele se dedicou ao estudo de filosofia, sociologia e religião. A partir dessa formação bastante eclética, foi moldando a base teórica daquela que viria a ser, mais tarde, a sua grande descoberta e criação: o psicodrama.

A ligação com a dimensão religiosa, desde o começo, constituiu-se uma base fundamental do pensamento moreniano. Moreno, ainda jovem, juntamente com um grupo de amigos, fundou uma espécie de movimento juvenil, ao qual chamou de "Religião do Encontro". Nesse mesmo período de sua juventude, bastante marcado pela rebeldia e pelo lúdico, participou de um outro movimento, chamado "Revolução nos Jardins de Viena". Por meio de encenações, de jogos e de narrações de contos, atraía crianças e jovens e os estimulava à espontaneidade e ao rompimento com os estereótipos adultos. Ainda nessa época, desenvolveu um trabalho social junto às prostitutas de Viena que buscavam a recuperação de sua dignidade. Esse trabalho terminou por concretizar-se num movimento social organizado.

Em 1921, Moreno dirigiu, pela primeira vez, uma dramatização no estilo do "teatro espontâneo", na Komödien Haus de Viena, com uma platéia de mais de mil pessoas. Nessa ocasião, ele propôs o tema da representação do papel do rei dentro de uma nova ordem política. A sessão não foi muito proveitosa, pois não se chegou a nenhuma proposta convincente para a platéia, que na ocasião serviu de júri. Mesmo assim, Moreno, a partir daí, não parou mais de apostar no "teatro espontâneo" como forma de repensar, criativamente, a realidade. Anos mais tarde, ele desenvolveu o chamado "teatro terapêutico" como uma nova abordagem para a psicoterapia, e que depois desembocaria na proposta de psicoterapia de grupo.

Estimulado pela possibilidade de desenvolver e propagar suas idéias num ambiente científico mais acolhedor, Moreno transferiu-se, em 1925, para os Estados Unidos. Nesse período, a dimensão religiosa de sua obra tendia a diminuir e voltar-se mais para o pragmatismo. De qualquer forma, permaneceu até o fim o seu otimismo diante da possibilidade de a pessoa humana libertar-se e levar a vida de forma mais criativa e espontânea.

Conceito de psicodrama

Psicodrama é uma palavra de raiz grega: *psyquè* = alma + *drama* = ação, coisa feita. O psicodrama, explica Moreno (1992, v. 1, p. 183), pode ser definido como "a ciência que explora a verdade dos seres humanos ou a realidade através de métodos dramáticos". Vale lembrar que o "drama", na teoria psicodramática, não se refere ao estrito sentido do teatro, mas está muito mais ligado à flexibilidade na vivência dos papéis e à idéia de que se pode retrabalhar a própria conduta de vida, com seus gestos expressivos, como se elas fossem situações dramáticas e onde os autores seriam atores também. Representar uma peça de teatro com fim terapêutico não é psicodrama, é "teatroterapia". O psicodrama difere, também, do chamado "teatro de improvisação" (*commedia dell'arte*) em que os comediantes improvisam sobre um tema após a distribuição de papéis.

A expressão "psicodrama" foi usada por Moreno, pela primeira vez, em 1925. O psicodrama é mais comumente entendido como sendo um método de psicoterapia no qual os pacientes dramatizam cenas do seu próprio cotidiano em vez de apenas falarem a respeito dele. É por isso que o psicodrama é um encontro privilegiado que exige, antes de tudo, participantes (atores e espectadores atentos). No dizer de Shützenberger (1970, p. 35): "Não se pode assistir a um psicodrama". Vale lembrar, também, que o psicodrama é uma experiência vivida em grupo, de grupo, pelo grupo e para o grupo. Segundo Blatner & Blatner (1996, p. 17), o próprio Moreno desenvolveu tal método terapêutico a partir da integração de dinâmicas de grupo com filosofia da criatividade.

O psicodrama e algumas técnicas que dele derivaram têm o objetivo de cultivar e utilizar a criatividade na psicoterapia, na educação e em tantos outros contextos. Tudo é feito a partir da combinação entre a fantasia, a realidade, o binômio espontâneo-criativo, a flexibilidade da ação dramática e o predomínio da ação sobre o discurso.

O psicodramatista Bustos (2000, p. 1) vai além da definição de psicodrama como técnica, e afirma que "é uma proposta de vida baseada na teoria das relações interpessoais e da espontaneidade".

Costa (1996, p. 88), propondo a sistematização da "sociatria",[3] classifica o psicodrama como um de seus métodos. Nesse caso, o psicodrama visa ao enfoque da psique humana representada na ação dramática. Esse foi o método mais desenvolvido por Moreno.

---

[3] Segmento da ciência socionômica que interfere terapeuticamente nos sistemas sociais e individuais. Além do psicodrama, existem os métodos da psicoterapia de grupo e do sociodrama.

Devido a uma grande multiplicidade de possibilidades de uso no campo das ciências humanas, o psicodrama pode ser entendido, de modo geral, como sendo toda aplicação regulada da dramatização utilizada como método para chegar-se a determinados objetivos, que podem variar desde fins terapêuticos até aqueles de ordem pedagógica, de aprendizado. De qualquer forma, o psicodrama guardará, sempre, uma dupla dimensão: terapêutica e pedagógica.

No presente trabalho, assumimos o conceito de psicodrama como sendo um método de procura da verdade da pessoa ou de um grupo de pessoas através da recuperação da espontaneidade e do exercício da criatividade. A ênfase será dada à dimensão pedagógica da educação para a vivência dos papéis, mesmo considerando a dimensão terapêutica inerente à proposta psicodramática.

Principais conceitos e teorias psicodramáticas

Espontaneidade, criatividade e conserva cultural

Na teoria moreniana, a espontaneidade, a criatividade e a conserva cultural são três elementos interdependentes. Buscam, uma vez equilibrados, a conservação do ser humano e sua perpetuação através do tempo e do espaço (cf. Costa, 1996, p. 39).

Ao criar o "teatro espontâneo", Moreno quis liberar a espontaneidade e a criatividade das pessoas. Para ele, as doenças — principalmente aquelas psíquicas — eram resultado do aprisionamento das pessoas às conservas culturais.

Moreno (1991, p. 39) define conserva cultural como sendo "uma mistura bem sucedida do material espontâneo e criador, moldado de forma permanente". Ele a entendia como sendo aquelas normas, regras e condutas estereotipadas que herdamos da cultura na qual estamos inseridos, do grupo social do qual fazemos parte. As conservas culturais são muitas dentro de uma mesma sociedade e são o produto cristalizado daquilo que foi, num primeiro momento, uma ação criadora (cf. Siqueira, 1999, p. 27). Ao trabalhar a recuperação da espontaneidade, Moreno propôs uma convivência mais saudável com a conserva cultural, não querendo ignorá-la completamente, mas possibilitando, pela criatividade, a geração de respostas novas às situações da vida presente.

A conserva deve ser considerada não como absoluta, mas é ela que atende à necessidade do ser humano de ter certa segurança, estabilidade e o mínimo de referências para organizar seu convívio social.

> Entretanto, o teatro da espontaneidade "cem por cento" defrontava-se com dificuldades enormes oriundas das audiências, antes de qualquer coisa. Os componentes da platéia haviam sido criados, em todos os departamentos da vida, ciência e artes, de modo a utilizarem-se de conservas culturais e depender delas, e a não confiar em sua própria espontaneidade (Moreno, 1984, p. 19).

A palavra espontaneidade deriva do latim *sponte*, que significa "livre vontade". O conceito de espontaneidade é a base fundamental da teoria moreniana. Segundo Puttini (1997, p. 15), a espontaneidade, do ponto de vista moreniano, é classicamente entendida como sendo a "capacidade de dar respostas adequadas e originais às situações e problemas que a vida apresenta". É a característica que possibilita ao ser humano responder com criatividade aos desafios de seu meio. Ela corresponde à inquietação diante da conserva cultural. É o ato dinamizador da vida. Moreno lembra que o termo espontâneo é usado erroneamente para descrever indivíduos cujo controle sobre suas situações está diminuído.

Em seu livro *O teatro da espontaneidade* (1984, p. 79), Moreno afirma:

> É como se a razão, antes de acontecer o salto para o universo do drama espontâneo, fosse cautelosamente na frente portando a lanterna da antecipação intuitiva, para fazer um esboço do possível terreno a ser encontrado, com suas barreiras e armadilhas, a fim de poder indicar a direção que deverá tomar o salto.

Para Martín (1997, p. 121), a espontaneidade

> [...] tem para Moreno uma dupla dimensão: [...] no sentido cosmológico, a espontaneidade opõe-se à energia física que se conserva; no sentido psicológico, desenvolve no homem um estado de perpétua originalidade e de adequação pessoal, vital e existencial à circunstância que lhe compete viver.

Moreno distinguiu quatro formas de espontaneidade. Ela pode ser: um impulso, uma aquisição cultural, uma criação de livre expressão da personalidade e, finalmente, uma resposta nova e adequada a uma determinada situação. Com relação a essa última, vale lembrar que a espontaneidade não pode ser confundida como simples novidade de conduta ou adequação de comportamento. Se permanece a rigidez da censura cultural, então não estamos no âmbito da espontaneidade.

Apoiado na idéia de que a espontaneidade é de âmbito individual e localiza-se entre a hereditariedade biológica e as forças sociais, Moreno (1984, p. 18) lembra que a espontaneidade deve ser desenvolvida pedagogicamente, evitando-se os excessos que a confundam com espontaneísmo:

> Uma de minhas primeiras descobertas foi que a espontaneidade pode ficar rançosa se não se prestar atenção ao seu desenvolvimento, que a pessoa pode deteriorar-se pelo próprio fato de ser espontânea. O clichê de um ato espontâneo, se não for controlado a partir da interioridade do ator, pode retornar e interferir com a espontaneidade de um novo ato. A segunda descoberta foi que a espontaneidade é treinável, independente de quão tênue possa ter sido sua chama no início.

Para Costa (1996, p. 41), a criatividade é a síntese dialética entre a conserva cultural e a espontaneidade, assim como o surgimento do novo em tempo e espaço. Moreno fala da liberação da espontaneidade para, em seguida, a pessoa ser capaz de ser criativa.

Em Moreno (1997, p. 121), o binômio espontâneo-criativo constituiu a base da sua teoria e prática, e, sendo elemento natural a todo ser humano, guarda, também, seu caráter unificador:

Quanto mais o teatro da espontaneidade se tornava um grupo de teatro dos mundos particulares de gente de verdade, mais compensador tornava-se para a pesquisa da espontaneidade. Os pesquisadores de interação que não começam com uma contagem das matrizes espontâneas-criativas de seus projetos experimentais são como arquitetos que tentam fazer-nos acreditar que a casa pode ser construída sem fundação.

Há, portanto, uma inter-relação entre espontaneidade e criatividade. No entender de Moreno, a espontaneidade é a catalisadora da criatividade. Assim, ele afirma (1992, v. 1, p. 147):

> Espontaneidade e criatividade não são nem processos idênticos, nem similares. São categorias diferentes, apesar de estrategicamente unidas [...] A espontaneidade pode entrar no indivíduo dotado de criatividade e evocar resposta. Nasceram muito mais Miguelângelos do que o que pintou obras de arte [...] A espontaneidade e a criatividade são, assim, categorias de ordem diferente; a criatividade pertence à categoria de substância — é arqui-substância —, enquanto a espontaneidade pertence à categoria dos catalisadores — é o arquicatalisador.

Aqui vale lembrar que o contexto grupal se apresenta como um laboratório privilegiado de desenvolvimento da espontaneidade devido ao seu inevitável envolvimento nos processos interpessoais que se desenvolvem na experiência do grupo. Para Blatner & Blatner (1996, p. 81), a espontaneidade, do ponto de vista social, é o veículo para um trabalho conjunto mais criativo.

A tele

A "tele" é a faculdade humana de comunicar afetos à distância. Para Moreno, é a unidade mais simples de afeto transmitida de um indivíduo a outro. O fenômeno da tele pode ser observado no trabalho de grupo a partir da manifestação das relações no grupo de energias de atração, rejeição ou indiferença. É o fenômeno que possibilita o conhecimento da realidade do ator e da platéia mediante a operação constante das funções pensar–perceber e intuir–sentir de cada um que participa da sessão psicodramática.

Na teoria moreniana, é pela tele que se alcança o fortalecimento, o desenvolvimento e a sedimentação das relações. Ela tem relação com a dimensão afetiva no momento em que ocorre a quebra da conserva cultural, estabelecendo-se o espaço de criatividade e espontaneidade do convívio humano.

No espaço psicodramático, a tele é a responsável pela manutenção dos laços afetivos que unem o grupo e lhe dão coesão, sem que se perca a individualidade, mas mantendo uma certa troca entre grupo e indivíduo, que leva ao enriquecimento mútuo. É, portanto, um fator que estimula o desenvolvimento contínuo das pessoas.

Fava (1997, p. 25) define a tele como sendo aquele fator que, aliado à espontaneidade, permite à pessoa trazer ao seu foco de percepção "informações" da situação que a envolve e que darão sentido e significado à ação espontânea.

Almeida (1991) recorda que o conceito de tele em Moreno inclui intencionalidade, intersubjetividade e intuição.

O contrário da tele é a transferência. Enquanto a tele provoca a unidade e a coesão, a transferência, por guardar fortemente as cargas do passado, desrespeita o momento presente e cria ansiedade, constituindo assim, um elemento desintegrador. É dela que decorrem as enfermidades tanto nos indivíduos como em grupos sociais.

Teoria de papéis e identidade

Um dos mais importantes conceitos da teoria moreniana e de sua visão de ser humano é aquele dos papéis, a partir do qual ele criou uma "teoria dos papéis". Moreno privilegia a estrutura dos papéis sociais na base de sua teoria.[4]

Para ele, o ser humano é, antes de tudo, um ser social. Desde bebê, o indivíduo vai configurando o seu potencial de espontaneidade. A sua

---

[4] Moreno sugere uma distinção entre papéis sociais, papéis psicológicos ou psicodramáticos e papéis fisiológicos ou psicossomáticos.

maneira de desempenhar os papéis de hoje com maior ou menor espontaneidade dependeram, em tese, do papel psicossomático de quando criança. Em sua obra, ele apresenta o papel como sendo uma "unidade cultural de conduta" entendida como "a forma de funcionamento que o indivíduo assume no momento específico em que reage a uma situação específica, na qual outras pessoas e objetos estão envolvidos" (Moreno, 1978, p. 27).

Moreno (1992, v. 1, p. 178) também entende o papel como a "fusão de elementos particulares e coletivos". Ou seja: todo papel tem duas dimensões: aquela que traz a carga da coletividade e aquela que traz os traços da individualidade, do diferencial. Partindo dessa premissa, Moreno identifica o *role taking* (tomada de papéis), que parte de um papel já estabelecido, sem nenhuma possibilidade livre de recriá-lo; *role playing* (jogo de papéis), que admite algum tipo de intervenção criativa no papel; e o *role creating* (criação de papéis), que permite um alto grau de liberdade e de criatividade, terreno fértil para a espontaneidade.

As funções biológicas do ser humano são identificadas como papéis psicossomáticos e têm relação com o modelo biológico da espécie, havendo, contudo, uma certa espontaneidade. São os primeiros papéis a serem desempenhados pelo bebê, e, de certa forma, a mãe exerce uma forte influência estruturadora daquilo que seria o eu fisiológico.

Já os papéis sociais representam aquelas funções por meio das quais o indivíduo se relaciona com o ambiente; esses papéis são assimilados pela "matriz de identidade" do grupo ao qual ele pertence. Nesse nível estão os papéis de pai, mãe, médico, professora etc.

Os papéis psicodramáticos, por sua vez, estão ligados ao mundo da fantasia e da imaginação. São o resultado do processo de libertação da conserva cultural e da emergência da atividade criadora do indivíduo, catalisada pela "espontaneidade" (cf. Siqueira, 1999, p. 28).

Para Moreno (1992, v. 1, p. 178), há mais vantagem em trabalhar com o conceito de papéis do que com o de "ego":

Trabalhar com o "papel" como ponto de referência parece ter mais vantagens metodológicas do que o trabalho cuja referência seja a "personalidade" ou o "ego". Estes últimos são menos concretos e vêm envoltos em mistérios metapsicológicos.

Para estabelecer essa diferença entre o tratamento psicanalítico-social e aquele psicodramático, Moreno (1992, v. 1, p. 178) dá o seguinte exemplo: "Os papéis: a mãe, o filho, a filha, o professor, o negro, o cristão etc. são papéis sociais; os papéis: uma mãe, um professor, um negro, um cristão etc. são papéis psicodramáticos".

Ligada profundamente à "teoria de papéis" está a noção de identidade. Na concepção moreniana, os papéis são produtores do eu, formadores de personalidade.

Moreno (1978, p. 102) entendia a identidade do ser humano como sendo "o resultado de um desenvolvimento numa busca constante de integrações e totalizações profundas, ou seja, a tentativa e o desenvolvimento a que todo ser humano se lança, às vezes de um modo claro, às vezes de um modo obscuro".

"Matriz de identidade" é o conceito que Moreno (1978, p. 102) usa para explicar a sua teoria da formação da personalidade. Para ele, a personalidade é a integração das funções genéticas,[5] da espontaneidade, da tele e do meio.

Segundo Moreno, existem três fases de desenvolvimento da "matriz de identidade": a primeira fase, chamada de "matriz de identidade total", corresponde ao primeiro universo, onde realidade e fantasia se confundem. Nessa fase, a criança vive uma espécie de "fome" de ação por sua incapacidade de imaginar. Numa segunda fase, a da "matriz de identidade total e diferenciada", a criança começa a diferenciar os objetos, embora tudo ainda pareça concreto e real. Somente na terceira fase, da "matriz

---

[5] Na teoria moreniana, a carga genética não é determinante, mas fator condicionante. É a expressão da fragilidade humana e é o fator que aponta para a interdependência dos seres humanos.

da brecha entre fantasia e realidade", é que a criança já será capaz de diferenciar a realidade da fantasia. É possível, então, propor a inversão de papéis somente nesta fase, em que se consegue distinguir o primeiro universo (concreto) do segundo (fantasia).

A partir disso, segundo Costa (1996, p. 57), é possível entender que os papéis constituem a estrutura que melhor permite a "manifestação compreensiva e organizada do mundo interior no mundo social, cultural e dos objetos, dentro de um determinado tempo". É a partir deles também que se pode compreender melhor a identidade de cada indivíduo e trabalhar, então, a sua capacidade criativa de recriar a própria personalidade.

Fundamentos filosóficos

Visão de ser humano

A visão moreniana de ser humano parte da concepção de que o homem é um ser em construção, inacabado, e um ser de relação. Para Moreno, a construção do homem dá-se a partir de suas relações, que vão desde as de nível cósmico até as interações que o sujeito realiza com seu meio, especialmente o social. Ele tem necessidade de uma matriz social e de egos auxiliares (mãe, família, grupo, sociedade) para tornar-se homem (cf. Shützenberger, 1970, p. 47). O grupo social, do qual o indivíduo faz parte, é fundamental na geração de sua personalidade (cf. Puttini, 1997, p. 15).

Sendo o homem um ser inacabado, em contínua transformação, sua existência, com suas respectivas experiências, vão sendo integradas à sua personalidade e aos modos de relacionar-se.

Segundo Moreno, alguns modos de ser pareciam-lhe fixações claras de cenas que "paralisavam os sujeitos e os ancoravam" em determinadas posições ao longo do seu processo de desenvolvimento (cf. Menegazzo, 1994, p. 70). Essa fixação provocava a frustração em algumas possibilidades de relacionamento e de inter-relacionamento.

O psicodramatista (cf. Moreno, 1997, p. 6) tinha plena confiança no poder de cura dos métodos grupais de inter-relacionamento, partindo do pressuposto de que o amor humano, vivido de forma altruísta, era um recurso incontestável do processo.

A evolução do ser humano é vista por Moreno como um processo em que todo homem, para conseguir interagir, deve passar dramaticamente por limiares e desdobrar-se em matrizes. Nesse processo, realizado em fases por meio de atos básicos, o ser humano vai tender à conservação, ou seja, ao estático, ou à mudança, à criatividade. A atividade — entendida como ato, atitude, ou papéis — é, pois, fundamental no pensamento moreniano. Essa visão privilegia a estrutura de papéis. O psicodramatista entendia o indivíduo como sendo primeiramente um ser social, que é iniciado no exercício de papéis sociais a começar pelo de bebê em relação à sua mãe (cf. Costa, 1996, p. 56).

Por isso, para Moreno, a dramatização, por meio do trabalho realizado em três dimensões (corporal, simbólica e imaginária), permite investigar, reparar e recriar todos aqueles estereótipos conservadores da cultura que foram estacionando o desenvolvimento da capacidade criativa das pessoas.

Devido à perspectiva mística, presente sobretudo no início de sua obra, Moreno considerava Deus presente em todo o universo e manifesto no ser humano pelo exercício da espontaneidade. Ele costumava usar a expressão "centelhas divinas", que seriam para ele o produto da relação espontaneidade–criatividade. Desse modo, o ser humano moreniano é um ser cósmico, espontâneo-criativo, capaz de perceber o outro em profundidade.

Na concepção psicodramática, o ser humano é entendido dinamicamente em sua existência por quatro dimensões:

a) *Pelo conjunto de papéis que ele desempenha em sua vida.* O ser humano é, de alguma forma, o resultado de uma multiplicidade de papéis que vão desde aqueles fisiológicos até os profissionais. O que existe é uma harmonia ou desarmonia na vivência desses papéis. A pessoa pode sentir-se à vontade ou constrangida na vivência desse ou daquele papel.

b) *Pelo conjunto de interações com as pessoas com as quais ele se relaciona*. No relacionamento entre indivíduos pode haver também um grande número de reações comportamentais: simpatia, hostilidade, indiferença, respeito, desprezo, tolerância, resistência, pressão, autoritarismo, criatividade etc. Também nesse campo podem existir sentimentos reprimidos ou recalcados. Isso poderá causar desarmonia na pessoa.

c) *Pelo seu átomo social*. Para Moreno, trata-se do núcleo de relações que se formam em torno de cada um de nós, ou seja, formam-no todos aqueles que desempenham papéis complementares necessários em relação ao sujeito. É a menor estrutura social e está mais ligada à dimensão afetiva, às relações tele. Deve ser compreendida em dupla dimensão: partindo do indivíduo para a sociedade e da coletividade para o indivíduo.

d) *Pelo seu* status *sociométrico*. Esse *status* varia de acordo com o tipo de atividade do papel, mas está diretamente ligado à vida do grupo do qual o sujeito faz parte.

Relação corpo e mente na proposta psicodramática

O tema ontológico da relação corpo e mente não é um tema tratado com freqüência na bibliografia psicodramática. Todavia, a grande maioria dos psicodramatistas assume a visão do senso comum, segundo a qual corpo e a mente estão em interação. No psicodrama, essa interação terá repercussão no fato de que tanto os eventos comportamentais como aqueles existenciais têm sua importância reconhecida. Isso não impede que uma escola ou outra do psicodrama dê maior ênfase ao comportamental ou ao existencial.

No entanto, de um modo geral, permanece a necessidade de dar-se atenção à expressão do corpo, da ação física realizada por ele como expressão dos sentimentos, como também ao *insight* cognitivo que o trabalho psicodramático vai favorecendo. No caso do psicodrama pedagógico, a produção do conhecimento dá-se pela ação. Segundo Moreno (1978, p. 105), "os conteúdos imprimem-se na mente quando o sujeito encontra-se em comportamento ativo". Podemos afirmar que o psicodrama é um método de reflexão–ação.

Para Kellermann (1988, p. 47), o posicionamento de Moreno era sintetizado na proposta de William James (1909). Este partia do princípio de que "mente e corpo não são senão dois, dentre os muitos aspectos da realidade, podendo existir um *continuum* de consciência cósmica por detrás do mundo material".

Nesse sentido, a posição monista de Espinosa aproxima-se bastante daquilo que seria a relação corpo e mente no psicodrama. Para Espinosa, mente e corpo nada mais são do que dois aspectos de uma mesma realidade subjacente. Aquilo que, sob uma determinada perspectiva, poderá aparentar ser manifestação do corpo, poderá, sob outra, aparentar ser manifestação da mente. Nas técnicas psicodramáticas, a ênfase dada à ação, à expressão da pessoa como um todo, ilustra bem essa premissa.

O binômio espontâneo-criativo como elemento unificador do ser humano

Para Moreno, espontaneidade e criatividade representavam não somente os elementos básicos do processo do psicodrama, mas constituíam também os pressupostos de um viver saudável. Enquanto resposta nova a uma nova ou antiga situação, a espontaneidade não precisa porém ser bem-sucedida nem totalmente original. Nem é o ato, e sim a maneira pela qual é realizado, que revela o grau de espontaneidade presente nele. Trata-se de aproveitar "a categoria do momento" como uma oportunidade para a ação criativa.

Para viver o momento com espontaneidade, exige-se a entrega total como pressuposto para a expansão da consciência. Por isso é que há, de certa forma, a necessidade de abandonar a excessiva censura da mente e de abrir-se ao impulso interior, às intuições e às inspirações. Portanto, realizar a ação com espontaneidade, prazer e liberdade só poderá produzir uma maior harmonia entre o exterior (o corpo que faz a ação) e o interior (por Moreno entendido como inconsciente).

Sobre a unidade do ser humano, que ele percebeu estar desintegrada pela cultura ocidental, Moreno constatou em seu livro *O teatro da espontaneidade* (1984, p. 17) a existência de um núcleo primal que poderia ser considerado o elemento unificador da experiência humana. Para ele, criatividade–espontaneidade é um conceito bicéfalo que contrasta com o conceito de espontaneidade automática, desligado, portanto, de sua real significação: a de ser matriz da criatividade.

> Quando descobri reduzida a cinzas a orgulhosa casa do homem, na qual havia trabalhado durante cerca de dez mil anos para conferir-lhe a solidez e o esplendor da civilização ocidental, o único resíduo que detectei em meio às ruínas, prenhe de promessas, foi o "espontâneo-criativo". Via seu fogo queimando à base de cada dimensão da natureza — cósmica, espiritual, cultural, social, psicológica, biológica, sexual —, formando em cada esfera um núcleo a partir do qual poderia brotar uma nova onda de inspiração.

Enfim, Moreno enxergou no binômio espontâneo-criativo a raiz geradora da própria existência e de seu conseqüente equilíbrio. É a partir desse binômio, redescobrindo-o, desenvolvendo-o, que o ser humano terá resgatado a sua inteireza.

Principais influências

Segundo sua autobiografia, Moreno (1997, p. 41) dizia-se um bom leitor, gostava de ler. Não era sistemático em suas leituras, mas nutria admiração por alguns filósofos.

Freqüentemente citado por Moreno, um dos filósofos que mais contribuiu para a elaboração da teoria sobre a espontaneidade do psicodramatista foi Henri Bergson. Segundo esse pensador, era necessária a aproximação da realidade a partir de sua forma original, e não como ela se apresenta no presente. Por isso Moreno também insiste na necessidade de recuperar-se a espontaneidade perdida ao longo do processo de imposição da conserva cultural. O psicodramatista considera a discussão sobre a espontaneidade em Bergson como um passo à frente, mas julga-a ainda muito abstrata e metafísica. Acredita que sua prática de desenvolvimento da espontaneidade seria o "refinamento da teoria de Bergson" (Moreno, [s.d.], p. 16).

Outras idéias de Bergson, como a da intuição, da necessidade de contato imediato e experiencial com a realidade, foram também importantes para a elaboração da teoria moreniana. Moreno aproxima-se do pensador especialmente por este último querer explicar o curso da vida a partir da espontaneidade (cf. Costa, 1996, p. 29).

Em seu livro *As palavras do pai*, Moreno sentiu, porém, a necessidade de acrescentar algo às idéias de Bergson, enfatizando que o "aqui e agora", ou seja, o momento, é *"categoria revolucionária* que contém potencial para a ação criativa" (Costa, 1996, p. 29).

Tinha, também, uma especial admiração pelos escritos de Kierkegaard, que no início do século XX circulavam entre a juventude e por quem Moreno disse ter ficado fascinado. É desse pensador a idéia de que toda a existência humana deve ser essencialmente considerada como possibilidade de relacionamento. Com essa teoria, o psicodramatista (1992, v. 1, p. 30) concordava. Mesmo assim, não deixou de fazer sua crítica à postura de Kierkegaard enquanto cientista:

> Dois mil anos depois, Kierkegaard ouviu outra vez a voz do demônio, mas estava bloqueado por seu próprio remorso, submerso pelos imperativos de sua existência particular, pelo medo de perder o "Eu no Tu" e pela obsessão com seu próprio monodrama.

Chamou a atenção de Moreno o fato de Kierkegaard dar ênfase ao aspecto da concretização. No entanto, o psicodramatista fez sua crítica afirmando que a concretização, segundo o pensador, era limitada a um único indivíduo, a ele mesmo. Ele não teria sido capaz de relacionar o "eu" com o "tu".

Também Martin Buber participou do círculo de amizades de Moreno, chegando a ser assistente do jornal *Daimon*, fundado por ele. O psicodramatista (cf. Moreno, 1997, p. 89) constata que as idéias de Buber com relação ao conceito de encontro e a teoria das relações interpessoais eram idéias suas que o filósofo sistematizou em seus livros, especialmente no livro *Eu e tu* (1923).

A teoria sobre a espontaneidade também se apóia naquilo que Buber chamou de "eu–tu". Ele defendia a diferença entre um relacionamento baseado no "eu–isto", em que as pessoas se aproximam das outras como se tudo possível de saber sobre a outra já fosse conhecido e determinado, e no "eu–tu", em que as pessoas vivem uma relação de abertura para o potencial de criatividade e de mistério em suas existências.

Como psiquiatra, Moreno tinha de encarar os modos não resolvidos das pessoas que buscavam ajuda na psicoterapia. Ele compreendeu que os conflitos cerceiam as possibilidades de relacionamento inerentes ao ser humano, tanto consigo mesmo quanto com os outros. Os conflitos truncam a capacidade de transformação humana no caminho da transcendência. Para ele, o segredo da superação do conflito estava justamente na provocação do encontro consigo mesmo e com os outros e em sua dramatização criativa e espontânea. O conceito de encontro de Moreno, desenvolvido em 1914, refletia seu desejo de ver as relações sociais mais autênticas e humanas. Por isso ele desenvolveu a dinâmica da inversão de papéis, que provocava o ato de identificação recíproca entre as pessoas envolvidas na cena, expandindo suas consciências. Vale lembrar que isso nada tem a ver com técnicas que visam simplesmente a desvelar o emocional para obter autenticidade.

Em seus escritos de caráter mais religioso, Moreno fazia-se valer de uma metáfora de Deus como o Pai primal, que estava presente em cada ser humano, garantindo-lhe a dinâmica criativa. Deus, para o psicodramatista, não consistia num deus distante e onipotente, mas era para ele a força unificadora que exige de nós uma participação ativa na construção de nossa própria harmonia.

Baseado também nas idéias de Martin Buber, Moreno forjou a idéia de Deus não como "ele" — tal qual era apresentado pelas religiões —, mas de um Deus "eu", chamando a atenção de todos para o próprio papel de coprodutores do mundo. Propunha, então, que cada pessoa recuperasse seu direito de ser um criador a partir do princípio de um Pai cósmico.

Blatner & Blatner (1996, p. 67) comentam essa perspectiva de Moreno, avaliando suas conseqüências e repropondo sua teoria:

> Eu acrescentaria ainda mais: em termos de desenvolvimento, é importante passar pelo estágio do Deus "eu" para assumir nossa responsabilidade, mas acredito ser necessário prosseguir em direção a um lugar de vivência e compartilhamento da relação como "nós". [...] Mais do que nos acreditarmos sendo Deus, poderíamos compreender-nos como partes coprodutoras de uma totalidade dinâmica maior — e toda ela, incluindo nós mesmos, sendo Deus.

Moreno questionou também a definição do papel de cientista objetivo. Essa era a concepção da ciência física na época, modelada pelo conceito de Mestre Divino imparcial de Espinosa. Assim como Deus tinha pronunciamentos de verdades "superpessoais", também o cientista deveria ter reconhecida a validade dos seus. Ele deve ser imparcial, não pode pretender que as pessoas todas sejam boas e justas ou que todas sejam estúpidas. É objetivo e neutro, registrador imparcial de eventos conforme surgem. Para o psicodramatista, essa teoria não era adequada à situação do cientista social. Na medida em que passava da preocupação com o "eu" para a preocupação com o "nós", com a coletividade, o modelo não mais servia como paradigma (cf. Moreno, 1997, pp. 98-99).

A partir dessa constatação, Moreno, em seu livro *As palavras do pai*, elabora a teoria de um Mestre Divino operacional, a qual serviu de base para a construção da sociometria, um novo sistema científico específico para o estudo das ciências sociais.

> O maior modelo de objetividade que o ser humano já concebeu foi a idéia de Mestre Divino, um ser que sabe e sente como universo porque ele o criou, um ser iluminado em sua capacidade de penetrar todas as facetas do universo e, ainda, um ser inteiramente livre de tendências (Moreno, 1997, p. 99).

Também foi no monismo de Espinosa que Moreno se inspirou para propor a relação corpo e mente.

O psicodramatista considerava Sócrates o pioneiro do formato psicodramático. Ele achava que, por meio dos "diálogos", Sócrates havia se aproximado bastante do fazer dos psicodramatistas que lidam com pessoas reais e agem como clarificadores. Para Moreno, cada pessoa traz em si um pensamento criador que pode ser dado à luz. Nesse caso, o psicodramatista será, como diria Sócrates, um parteiro.

Segundo Moreno (1992, v. 1, p. 28), esse filósofo restringiu sua teoria apenas num ponto: "A estrutura de referência de seus diálogos limitava-se ao aspecto dialético-lógico", não aprofundando a essência da situação. Mesmo assim, o psicodramatista sempre admitiu a influência socrática em seus trabalhos: "Minha referência a Sócrates serviu não só para enfatizar a influência que teve sobre meus anos de formação, mas também pela grande importância do sociodrama como técnica de ensino".

Além de conhecer as obras de Rousseau e Pestalozzi, Moreno também estudou os grandes pedagogos de sua época. Cita, inclusive, John Dewey (Dewey, John. *How we think*. D. C., Heat, 1993. p. 35. In: Moreno, 1978, p. 203):

> Como a aprendizagem é algo que o próprio aluno tem de fazer por si e para si mesmo, a iniciativa compete ao aprendiz.
> O professor é um guia e diretor: ele dá o rumo ao barco, mas a energia que o impulsiona deve provir daqueles que estão aprendendo.

Desde quando era estudante de medicina, o psicodramatista viveu e trabalhou como diretor de "teatro espontâneo", em reação ao romantismo da época.

> Não foi de jeito nenhum por acidente o que me levou a assumir o trabalho de contar e medir relações interpessoais. Foi devido ao trabalho de dirigir um teatro da espontaneidade. [...] No meu caso, os fundamentos do meu trabalho, construídos sobre o campo de minhas especulações metafísicas, eram o teatro da espontaneidade (Moreno, 1997, p. 121).

A convivência que Moreno cultivou desde o início com o teatro influenciou e definiu bastante sua proposta, seu estilo de trabalho, e deu base à sua tese de formação e terapia a partir da ação.

Sua formação médica possibilitou que a elaboração técnica de sua proposta partisse da crítica aos métodos científicos até então utilizados nas ciências terapêuticas. No início encontrou muitos obstáculos para fazer entender sua proposta e lograr o reconhecimento de ciência para ela. Só muito mais tarde é que conseguiu o reconhecimento científico de seu trabalho. Moreno estudou medicina na Universidade de Viena e concluiu seus estudos em 1917. A formação médica levava, em média, de oito a nove anos. Era mais baseada em aulas expositivas, demonstrações e trabalhos em laboratório. O psicodramatista teve uma formação não muito comum naquela época. Dedicou a maior parte dela ao trabalho prático nos plantões dos hospitais (Moreno, 1997, p. 72): "Minha educação médica foi diferente da maioria de meus colegas, pelo fato de que me era permitido passar a metade do tempo em trabalho clínico prático. Fiz plantões em todas as clínicas".

A teoria moreniana nasce e desenvolve-se sob a influência de muitas e determinantes fontes e ciências com as quais ele estabeleceu um rico diálogo. Apesar de ser um grande estudioso das ciências modernas e de seus grandes e contemporâneos cientistas, Moreno tinha sua inspiração muito mais enraizada nas tradições religiosas antigas — especialmente na judaica, da qual fazia parte —, como também na filosofia grega e no drama clássico (Moreno, 1997, p. 6). "[...] As origens de meu trabalho vêm das religiões primitivas, e meu objetivo era a promulgação de uma nova ordem cultural e social..." (Moreno, 1997, p. 77).

O psicodramatista descendia dos chamados judeus sefarditas, e seus antepassados "foram sábios e negociantes; nenhum, que se saiba, foi médico" (Moreno, 1997, p. 8).

Os sefarditas, assim como todos os judeus, foram muito perseguidos e sofreram o exílio e o massacre no tempo da guerra. O que se destacava em suas crenças era a espera do Messias. Vivendo num clima de muito misticismo, entre eles apareceram, ao longo da história, muitos que se intitulavam messias. Esses provocavam verdadeiras convulsões nas comunidades judaicas.

Em sua autobiografia, Moreno (1997, p. 27) conta sobre sua iniciação na vida judaica: "Com quatro anos de idade, comecei a freqüentar uma escola bíblica sefardita. Freqüentei-a durante vários meses [...] Fui apresentado à Bíblia; ao livro do Gênesis [...]. Provavelmente foi lá que eu aprendi a ler pela primeira vez — em hebraico".

O psicodramatista (cf. Moreno, 1997, p. 27), porém, não conviveu num ambiente radicalmente judaico. Seus pais não eram muito praticantes e ele simplesmente cumpria o estritamente necessário à sua adesão à religião judaica, como, por exemplo, a celebração religiosa que marca a maioridade do menino aos 13 anos, após sua primeira leitura da Torá. Trata-se do Bar Mitzvá: "Apesar de que na minha vida familiar não se cultivava o desenvolvimento de uma inabalável identidade judaica, eu fiz o Bar Mitzvá num templo sefardita em Viena".

Durante a juventude, Moreno esteve muito envolvido com o movimento judaico da Cabala. Assim ele se expressa (Moreno, 1997, p. 41): "O dogma central da Cabala — de que toda criação é uma emanação da divindade e que a existência da alma é eterna — juntou-se à minha preocupação original com o livro do Gênesis. 'No princípio, Deus criou o céu e a terra', que me emocionou profundamente...".

A grande preocupação religiosa do psicodramatista foi com a concretização da imagem de Deus, de Deus-Pai em sua própria pessoa. Assim ele se expressa (Moreno, [s.d.], p. 12): "Meu esforço era para transcender e superpor todas essas realizações. Depois de o Filho de Deus ter descido dos céus e salvado o mundo, nada mais havia, nenhuma outra grande realização, exceto ser o próprio Deus-Pai".

Moreno considerava ser este seu grande desafio: como tornar tangível a imagem de Deus-Pai. Para ele, só restava uma alternativa: ser ele mesmo a concretização da imagem de Deus-Pai, conforme ele próprio afirma (Moreno, [s.d.], p. 12): "Eu tentei, muitas vezes, alongar meu sentimento e meus pensamentos para incluir todas essas formas imagináveis de existência e para extinguir a mim próprio de existir, de tal modo que Deus-Pai pudesse tomar o lugar de minha substância mortal".

Além dessa forte influência religiosa, o psicodramatista também estabeleceu diálogo com outros campos da ciência, como a psicanálise, embora esse tenha sido tenso e bastante crítico. O encontro com Freud deu-se em 1912, quando Moreno foi assistir a uma de suas conferências. Enquanto os estudantes saíam de uma sessão em que o psicanalista havia analisado um sonho telepático, ele tirou Moreno do grupo e perguntou-lhe o que fazia. Moreno (1997, p. 76) respondeu:

> Bem, doutor Freud, eu começo onde o senhor termina. O senhor conhece as pessoas no ambiente artificial do seu consultório. Eu as conheço nas ruas e em suas casas, no seu ambiente natural. O senhor analisa seus sonhos. Eu lhes dou coragem para sonhar de novo. O senhor os analisa e os faz em pedaços. Eu os faço atuar em seus papéis conflitantes e os ajudo a reunir seus pedaços de novo.

Assim como em Freud, há em Moreno um forte enraizamento evolucionista que se sustenta *a priori* num poderoso substrato biológico-genético. O criador da psicanálise, em seu livro *O futuro de uma ilusão*, de 1927, entra em desacordo com o psicodramatista, afirmando que a religião não passa de uma evasão do princípio da realidade. Chega a chamá-la de "vago sentimento oceânico". Por sua vez, Moreno sempre sustentou a idéia de que sua proposta e seu trabalho eram de natureza religiosa (cf. Moreno, [s.d.], p. 17).

O psicodramatista também teve oportunidade de encontrar-se pessoalmente, com Einstein. O encontro deu-se ainda quando estudava medicina em Viena. O físico fez uma curta visita a essa cidade e aproveitou para dar algumas palestras na universidade. Moreno inscreveu-se nelas. Einstein tinha 32 anos, ainda não era muito conhecido no mundo, mas já gozava de grande respeito da comunidade científica. Na época (1911), o estudante Moreno tinha apenas 21 anos. Ele relata sua impressão naquele encontro:

> Fiquei particularmente impressionado pela capacidade de Einstein na sua visão ampla do cosmos. Olhando para o universo, ele ficou excitado pela idéia de Deus. Ele não era somente um físico, mas um teólogo. Disse-nos: "Vocês sabem, Deus não joga dados com o universo". Einstein estava convencido, ao olhar para

o cosmos como uma entidade composta de forças ativas, que ele podia descobrir as leis gerais que as regulavam (Moreno, 1997, p. 77).

Vimos, portanto, que Moreno foi capaz de dialogar de forma amadurecida com várias e complexas referências do pensamento de sua época. Sua multifacetada formação, associada à grande capacidade criativa, fez dele um homem capaz de lançar novas luzes à terapêutica.

Tendo analisado os aspectos mais relevantes do psicodrama de um modo geral, resta uma apreciação mais focal sobre o psicodrama pedagógico, que sendo uma aplicação prática da teoria psicodramática à educação aproxima-se daquilo que foi realizado pelo laboratório litúrgico quando buscou no psicodrama uma contribuição para a educação para a ritualidade.

Contexto e elementos necessários do psicodrama

Partindo do princípio de que toda ação ocorre situada num tempo e num espaço determinados, e que, portanto, está inserida num contexto onde se vivenciam as experiências pessoais e grupais dos sujeitos, o psicodrama instaura um novo contexto, o contexto psicodramático, onde a realidade é dramatizada no "como se", ou seja, "um tempo subjetivo e um espaço virtual construído sobre o espaço concreto e delimitado" (Costa, 1996, p. 66). Esse contexto do "como se" libera a fantasia e facilita o resgate da espontaneidade.

Rojas-Bermudez (1970, p. 25) afirma que:

> O psicodrama coloca o indivíduo em seu meio, não o trata como um ser isolado. O homem isolado, só, é uma abstração, não existe. Para ser, nascer, crescer, viver e reproduzir-se, necessita de outros. O psicodrama reconstrói o contexto de cada indivíduo e o põe em movimento. As interações manifestam-se e já não é o indivíduo isolado que dramatiza, mas um grupo que expressa suas inter-relações.

Na sessão psicodramática são três os tipos de contexto:

- *Contexto social*, diretamente ligado ao tempo e ao espaço onde se vivem os papéis sociais e onde as relações e inter-relações acontecem no âmbito da própria sociedade. Tem a ver com a sociedade circundante.
- *Contexto grupal*, que é o contexto microssocial, isto é, da pequena comunidade grupal, com sua história e manifestações específicas.
- *Contexto dramático*, aquele que se realiza no limite do cenário, é simbólico e imaginário. Situando-se nesse contexto é que se busca a reelaboração da vivência dos papéis.

São cinco os elementos básicos do psicodrama: o palco (cenário), o protagonista (ator), o diretor, o egoauxiliar e a platéia (público).

O "palco" ou "cenário" é o espaço vivo onde o ator desempenha seu papel de maneira multidimensional e flexível, ao contrário do que é o espaço cotidiano, quase sempre estreito e repressor. É extensão da vida e nele deve ser garantida a liberdade de expressão. Aí se articulam a fantasia e a realidade sem que haja, necessariamente, conflitos. São essas duas dimensões do mesmo mundo psicodramático, que envolve objetos, pessoas e acontecimentos. No psicodrama clássico, Moreno previu um palco em níveis e em forma circular, mas ele mesmo admite que qualquer espaço disponível pode ser adaptado para esse fim. O importante é que não se deixe de determinar, na área disponível, qual o espaço para o palco (cf. Moreno, 1992, v. 1, p. 184).

É no cenário psicodramático que se permite o desempenho dos papéis dentro de um contexto do "como se" de forma contextualizada. Portanto, o que acontece no cenário é sempre "como se" fosse a realidade, que naquele momento é representada dramaticamente. Nesse espaço, vão ser trabalhadas as interações entre todos os que estão desempenhando um papel na cena. Não é um espaço descontextualizado. Ao contrário, torna-se importante a referência à dimensão espaço–tempo proporcionada pelo cenário. Aliás, é por meio desse contexto que se garante a consciência entre fantasia e realidade.

Segundo o *Dicionário de psicodrama e sociodrama* (Menegazzo et al., 1995, p. 53), o cenário cumpre três funções:

- Ser um *marco espacial:* por estar limitado ao desempenho do papel no espaço do "como se" (no cenário, o compromisso é sempre com o papel).

- Ser um *marco temporal:* os papéis podem ocorrer no cenário de forma simultânea, no "aqui e agora" dramático e no tempo histórico do paciente (seu presente, passado e futuro biográfico). Essa é uma característica que, aliada ao marco espacial, proporciona uma segurança operacional e garante a possibilidade de retorno resolutivo ao tempo da cena que funcionou como ponto de partida.

- Ser um *marco afetivo:* conforme vão se sucedendo as interações, a cena vai produzindo um aquecimento tanto no protagonista como na platéia. Esta funciona como caixa de ressonância de afetos que se manifestam sobre o que está acontecendo no marco afetivo do cenário.

Já o "ator" ou "protagonista" é aquele que, sendo ele mesmo, é capaz de narrar seu próprio mundo, sua própria vida em ações, superando o nível verbal. Mesmo sendo ator, recebe instruções para ser ele mesmo, agindo no palco de forma livre e espontânea.

O terceiro elemento é o "diretor", que tem três funções: produtor, conselheiro e analista. Como produtor, ele irá cuidar para que seja garantido o nível das ações dramáticas, reagindo à tentação da verbalização, mantendo a fidelidade à realidade do sujeito e não permitindo que se quebre o elo com o público. Ele pode interferir durante a ação dramática de diversas formas: ser passivo ou ativo, conforme a situação. Como analista, ele pode suscitar a intervenção de respostas vindas da platéia.

A função do psicodramatista é a de dirigir a ação dramática. Num primeiro momento, entra em cena para fazer o sujeito agir, mas depois sai de cena. É comum que não participe da cena. Quanto mais fora dela, maior o espaço para o protagonista. É assim que deve acontecer. É melhor a entrada de egos auxiliares do que muita intervenção do diretor.

O quarto elemento do psicodrama são os "egos auxiliares". São como atores coadjuvantes, que podem ser considerados extensões do diretor ou do próprio sujeito, representando personagens reais ou imaginários do drama.

O quinto elemento é a "platéia" ou "público". Forma-se no instante em que começa o aquecimento específico. Para que possa acontecer a sessão psicodramática, é fundamental que haja compromisso com a participação e o envolvimento na ação dramática na qualidade de assistentes. O grupo que assiste à ação dramática vai se envolvendo de formas diversas: ou limita-se a ser a *caixa de ressonância*, ou intervêm na cena a convite do diretor. Segundo Moreno, a platéia também tem o objetivo de ajudar o protagonista ou de transformar-se, ela mesma, em protagonista (cf. Menegazzo et al., 1995, p. 160).

Etapas da sessão psicodramática

De um modo geral, as técnicas psicodramáticas obedecem a três etapas: aquecimento, dramatização e compartilhamento.

Partimos do princípio de que o psicodrama tem em vista a busca da espontaneidade perdida. Mas é possível que se cobre ou que se possa impor espontaneidade? Ou, até mesmo, é possível pedir que alguém seja espontâneo? Nessa perspectiva, a teoria guarda um paradoxo interno, pois espontaneidade deve, a princípio, emergir de dentro, como fruto de uma atitude interior e do nível de envolvimento da pessoa. Em todo trabalho de desenvolvimento da técnica, deve-se estar atento para priorizar o *permitir* em relação ao *forçar as coisas* a acontecerem.

Por isso, para iniciar a sessão psicodramática, é necessário que se faça um tempo de "aquecimento", o qual se realiza em dois níveis: um inespecífico e outro específico. No primeiro nível, busca-se atingir o relaxamento do grupo através de exercícios, predispondo a todos, protagonista e público, a uma maior integração. Esse aquecimento inespecífico é seguido de um outro, em que se prepara o protagonista para a ação dramática, através da montagem da cena.

Em seguida, passa-se para a "dramatização". Essa é a realização propriamente dita da ação dramática. Nela, o protagonista, através da ação realizada no "aqui e agora", ensaia no "como se" as intervenções criativas e alternativas da cena. Portanto, tudo o que ocorre nesse momento tem, ao mesmo tempo, essas duas dimensões: a primeira, de limite pela presença concreta dos que realizam a ação; a segunda, de liberdade proporcionada pela imaginação e pela fantasia. No psicodrama, faz-se "como se", mas não se finge.

Concluindo a técnica e antes de dar início aos comentários, aos assinalamentos ou às interpretações, há um espaço de "compartilhamento" (em inglês, *sharing*). Nele, cada membro do grupo pode expressar seus sentimentos relacionados com a dramatização, dando seu parecer a respeito da cena. É momento que proporciona uma expressão afetiva do grupo. A sessão psicodramática é concluída com os comentários e intervenções sobre o trabalho realizado. O momento de compartilhamento tem uma dupla finalidade: possibilitar aos participantes expressarem-se verbalmente e, assim, poderem compartilhar a compreensão daqueles aspectos próprios, relacionados com sua própria experiência, e proporcionar ao protagonista a descoberta de que seu "drama" foi compartilhado pelo grupo. Pode ainda haver um último momento: seria uma sistematização da elaboração teórico-técnica do ocorrido na sessão.

As várias técnicas psicodramáticas

Existe uma grande variedade de aplicações do psicodrama, desde as tradicionais, indicadas por Moreno, até as mais recentes, desenvolvidas por grupos de psicodramatistas no mundo inteiro. Aqui, ganharão destaque apenas algumas das tantas possibilidades que o psicodrama oferece.

Uma primeira técnica é aquela tradicionalmente chamada de "inversão de papéis". Nesse caso, durante a dramatização, o diretor pede ao protagonista que troque de papel com outros atores da cena, sendo encorajado a sentir e a vivenciar com empatia o que o ponto de vista do outro pode estar querendo comunicar. Essa técnica é uma das mais usadas na prática psicodramática.

Outra dramatização poderia ser a de "interpretação de um sonho". O protagonista inicia descrevendo o sonho como se ele estivesse acontecendo naquele exato momento. Depois, passa a dramatizá-lo, priorizando os gestos, a ação, em detalhes. Terminada a dramatização do sonho propriamente dito, o diretor incentiva a "continuação do sonho", que o próprio protagonista irá projetar. Outras pessoas vão sendo integradas à cena, realizando papéis secundários e desenvolvendo a imaginação do protagonista. O final do sonho será discutido e reelaborado em outras tantas possíveis hipóteses de conclusão.

Um terceiro exemplo é a técnica da "projeção futura". Em vez de falar sobre a situação, o paciente é chamado a envolver-se "como se" a situação futura estivesse acontecendo no momento presente.

Ainda uma quarta técnica é a chamada técnica do "solilóquio", segundo a qual o protagonista, por solicitação do diretor, em forma de monólogo, exprime livremente seus pensamentos e sentimentos, os quais emergem paralelamente às cenas que vão sendo dramatizadas diante dele.

Um quinto exemplo de técnica psicodramática seria o trabalho de investigação das inúmeras alternativas de "desempenhar-se um papel". Antecipa-se uma cena do cotidiano, que é repetida várias vezes até que se atinja uma mais saudável resposta à situação que está sendo dramatizada. Chama-se essa técnica de *role playing*.

Existe ainda um sexto tipo de técnica psicodramática, na qual o paciente é auxiliado a lidar com "alucinações". Através de *role taking*, o paciente é convidado a retratar, da maneira mais concreta possível, sua alucinação, especialmente em seus elementos não-verbais. É uma forma de externar o devaneio na tentativa de fornecer mecanismos de controle voluntário dessa sensação, que tende à neutralização do sentimento de "vitimização".

Psicodrama pedagógico

Desenvolvido e aplicado no Brasil pela psicodramatista argentina Maria Alícia Romaña, o psicodrama pedagógico tem hoje uma grande influência nos projetos educativos e consiste na aplicação do psicodrama ao processo de ensino–aprendizagem, portanto, à compreensão e ao desenvolvimento do ser humano. É, também, entendido como metodologia educacional. Através do desenvolvimento da espontaneidade e de suas capacidades intelectuais, afetivas e sociais, o aluno é convidado a estabelecer relação com o conhecimento, atribuindo-lhe significados e envolvendo-se totalmente com sua produção.

No psicodrama pedagógico, o conhecimento é produzido pelo grupo na medida em que existe um trabalho conjunto, onde cada um tem oportunidade de oferecer sua própria contribuição (cf. Puttini, 1997, p. 13). Mais adiante, dedicaremos uma parte do capítulo à apresentação dessa metodologia educacional, uma vez que ela se encontra bastante próxima do objetivo pedagógico do laboratório litúrgico, que utiliza o psicodrama.

História do psicodrama pedagógico

Segundo a criadora do psicodrama pedagógico, Maria Alícia Romaña, desde 1962 ela buscava um método didático que correspondesse a uma compreensão mais abrangente do ser humano no processo ensino–aprendizagem. Participando de algumas sessões de terapia psicodramática dirigidas por Rojas-Bermudez e Fiásque, na Argentina, ela percebeu que poderia encontrar no psicodrama as bases da metodologia que estava buscando.

Desde cedo, Romaña reconheceu que a direção terapêutica do psicodrama exigiria um tratamento diferenciado para sua aplicação pedagógica e que, portanto, tornava-se fundamental a construção de um marco teórico específico para a aplicação do psicodrama à educação. Ela decidiu começar pela verificação das possibilidades de tradução simbólica do conhecimento. Através da sua própria prática em sala de aula, ela foi chegando à conclusão de que era possível simbolizar um conceito utilizando-se de imagens significativas dos próprios alunos, através principalmente do recurso da dramatização. Sua experiência teve como campo de ação desde crianças do pré-escolar até adultos do curso superior. Vivenciou-a também em salas de crianças com problemas de aprendizagem. Durante todo esse período de experimentação, Romaña chamou seu trabalho de "técnicas psicodramáticas aplicadas à educação".

Daí em diante, Romaña foi convidada a apresentar seus trabalhos em congressos e seminários de psicodrama, tendo sido chamada, também, a assumir um programa de formação de psicodramatistas em São Paulo. Foi nessa experiência que utilizou pela primeira vez a expressão "psicodrama pedagógico". Continuou, depois, a assessorar vários grupos de formação, a colaborar com artigos que falavam sobre sua experiência e que já identificavam e apresentavam os primeiros elementos de correlação entre psicodrama e educação. Esses elementos, ela denominou-os de "os níveis de realização psicodramática", a saber: realidade, simbolismo e fantasia. Foi sendo esboçada, a partir daí, uma "metodologia psicodramática" que hoje é mais conhecida como "método educacional psicodramático".

Radicada em São Paulo, Maria Alícia Romaña desenvolve até hoje um trabalho de divulgação do psicodrama pedagógico através de programas e de cursos de formação ligados a empresas e instituições sociais.

Psicodrama como alternativa metodológica

A questão principal do psicodrama aplicado à educação refere-se à metodologia. Desde o momento em que se percebeu a possibilidade de o psicodrama ser explorado na educação, ele foi sendo entendido como um caminho metodológico alternativo e facilitador do processo ensino–aprendizagem. Reconhece-se que o psicodrama pedagógico não é uma metodologia organizada "para" os alunos. Seu grande mérito é justamente o de fazer o caminho "com" os alunos a partir da ação e da reflexão de suas próprias vivências (cf. Passos, 1991, p. 20).

Ao contrário do que comumente se pensa, a opção por este ou aquele método, por esta ou aquela técnica, tem caráter formativo. Se se opta por uma metodologia puramente intuitiva, o aluno terá dificuldade de chegar à abstração ou à generalização do conhecimento. Se, ao contrário, dá-se demasiada atenção a um método lógico-dedutivo, perde-se a criatividade e o envolvimento no processo cognitivo.

Segundo Romaña (1996, p. 29),

> [...] como método didático, o psicodrama garante a aquisição do conhecimento em nível dedutivo e em nível intelectual, mas também leva a uma participação maior do aluno e à utilização do seu corpo, permitindo ao professor, ao mesmo tempo, o manejo do grupo como unidade.

Além disso, os que experimentam o psicodrama no trabalho educativo afirmam que a grande vantagem dessa experiência diz respeito ao processo de identificação e envolvimento afetivo do aluno com o conteúdo a ser trabalhado. Isso se dá pela possibilidade de aproximação ao conceito de uma forma mais global, não se servindo apenas da dimensão cognitiva. Assim descreve Passos (1991, p. 21): "Num primeiro momento o problema é visto "de fora" e, em seguida, o aluno resgata gradativamente o conhecimento do contexto em que foi situado, utilizando suas emoções, sua afetividade e suas experiências de vida anterior".

O próprio Moreno (1978, p. 193) entendia a tarefa pedagógica do psicodrama para o ato criativo. Assim ele se expressa:

> Uma pedagogia adequada aos seus ideais tem que se basear, completamente e sem compromisso de qualquer sorte com o ato criativo. Uma técnica do ato criativo, uma arte da espontaneidade, tem de ser desenvolvida de modo a habilitar o ser humano a criar continuamente.

A dramatização, portanto, tem esse mérito de poder levar o aluno a um envolvimento mais profundo com o processo de conhecimento a partir do momento em que ela conduz à espontaneidade, dando prioridade à ação pelo uso do corpo e estabelecendo relações afetivas entre ele (o aluno) e o conteúdo. Recorda ainda Romaña (1996, p. 49) que: "Este 'fazer' resgata o verdadeiro sentido da palavra 'ação', libertando-a da limitação clássica que lhe foi imposta pela escola, ao identificá-la em geral com atividades ou trabalhos manuais".

Para Romaña (1996, p. 45), a proposta do psicodrama pedagógico supõe, antes de mais nada, uma ruptura com uma metodologia apenas "livresca", baseada numa estrutura cognitiva puramente racional, e a opção por uma concepção de ensino–aprendizagem mais integradora.

Fundamentos metodológicos

As diretrizes metodológicas do trabalho com o psicodrama pedagógico foram sendo sistematizadas por Romaña ao longo de sua pesquisa. Para ela, estabelecer um critério metodológico era de suma importância não só pelo fato de conferir uma maior objetividade à prática, mas também como recurso indispensável para a comunicação de sua proposta.

Como já foi dito anteriormente, os níveis de vivência dramática são três: o plano da realidade, o plano do simbolismo e o plano da fantasia. A partir dessa delimitação, Romaña iniciou o trabalho de estabelecer relações entre um nível e outro. Após sua pesquisa, ela propôs os seguintes passos para a construção do conhecimento:

Aproximação intuitiva e afetiva

Nesse caso a dramatização é real e surge da experiência ou dos dados de referência. Parte-se, então, do pressuposto de que não se adquire conhecimento algum se não há um campo propício e certa disponibilidade para percorrer o caminho da intuição e da afetividade. Quando se insere a possibilidade de dramatização, está-se querendo "carregar" o campo de conhecimento de afetividade pelo envolvimento dos alunos com as informações de que já dispõem sobre o assunto que está sendo tratado. Inicia-se, portanto, com aquilo que o grupo já sabe sobre o tema, a partir de mínimos elementos e da ação. Começa, então, um desdobramento da cena, até que ela adquira mais vida, atividade, compromisso e riqueza. Nesse passo, busca-se uma "visão de espaço" no qual o conhecimento mobiliza a atenção dos alunos, atingindo-os de forma experimental e afetiva. O trabalho aqui é analítico. Segundo Romaña (1996, p. 48):

> Por intermédio da metodologia psicodramática, contribuímos para que o aluno coloque para fora o conhecimento que "sabe" e o compreenda como algo próprio, como algo seu. E isso acontece porque ele descobre as conotações que dão sentido ao conhecimento e que têm valor para si e para os outros, dentro de um mesmo contexto cultural.

Aproximação racional ou conceitual

Nesse nível, a dramatização assume caráter simbólico. É o chamado "tempo de conhecimento". Deixa-se o trabalho analítico da etapa anterior e passa-se a um trabalho sintético. Vai sendo criado um espaço onde as implicações do conhecimento permitem a elaboração do conceito, com base nos elementos generalizadores e universais que o compõem. Esse trabalho conta com a colaboração de todos os envolvidos na dramatização.

Aproximação funcional

Entra-se, agora, no nível da fantasia e da espontaneidade. O conhecimento é integrado a partir de novos esquemas, criados pelos próprios alunos a partir da dramatização. Podemos considerar esta etapa como integradora do conhecimento. Trata-se de um trabalho de generalização.

Prática do psicodrama pedagógico

Enquanto alternativa metodológica, o psicodrama pedagógico constitui-se de atividades integradas, como os trabalhos de grupos, jogos e dramatizações. É possível ainda a utilização das técnicas do psicodrama terapêutico, como a inversão de papéis, interpolação de resistências, solilóquios etc. É claro que tudo isso pode ser aplicado guardando-se sempre os limites que caracterizam o psicodrama com a função pedagógica.

O psicodrama pedagógico tem a mesma estrutura do psicodrama terapêutico (aquecimento, dramatização e comentários) e mantém também os cinco instrumentos necessários à sessão psicodramática (diretor, protagonista, egos auxiliares, cenário, platéia).

Assim como no psicodrama terapêutico, o pedagógico exige do grupo um envolvimento participativo total como expressão da adesão à proposta metodológica. Atente-se para o fato de que a prioridade do agir sobre o dizer, a ação corporal, traz à tona as emoções, às vezes de forma bastante intensa, o que exige também, da parte do professor, uma formação específica para lidar com essas situações, quando eventualmente surgirem.

Alguns relatos de experiência de aplicação do psicodrama pedagógico recordam a possibilidade de essa prática provocar uma certa surpresa no grupo participante e até mesmo, em alguns casos, certa resistência poderá ser notada em relação à metodologia psicodramática.

Segundo Costa (1996, p. 33), há até algumas pessoas

> [...] que acham "ridículas" as propostas solicitadas, pois são propostas simples, aparentemente superficiais. São solicitações individualizadas, que exigem uma colocação fundamental e, por isso mesmo, podem expô-las na intimidade profissional, revelando, às vezes, um confronto com o "não saber".

Ao que parece, esse é um dos pontos mais delicados e incômodos da metodologia psicodramática. Essa realidade pode até mesmo afetar uma vivência incoerente entre a imagem interior e aquela que está sendo dramatizada como efeito da resistência interna. É preciso, nesses casos, agir com cautela, respeitando o estágio de cada um e não perdendo a capacidade de diálogo com todos os envolvidos na sessão.

A metodologia psicodramática permite, pela própria natureza da dramatização, avaliar o conhecimento anteriormente incorporado por meio da rotina educativa que utilizou outros recursos técnicos, como aula expositiva, trabalhos em grupo, laboratórios, audiovisuais etc. Vale lembrar também que o psicodrama pedagógico é um recurso didático entre outros e deve ser usado de forma periódica e não constantemente, correndo o risco de desgastar-se pelo uso indiscriminado. Romaña (1996, p. 51) recorda que:

> Em absoluto, não propomos uma metodologia psicodramática como fórmula exclusiva, já que, evidentemente, tem também suas limitações derivadas do fato de atuar em apenas um dos sentidos da dinâmica do ensino, ou seja, de dentro para fora. O que propomos é a utilização dessa metodologia combinada com outras formas renovadas que operam em sentido contrário: de fora para dentro.

Avaliando os resultados do uso do psicodrama pedagógico, Romaña (1996, p. 30) descreve alguns elementos positivos. Dentre eles, destacam-se: a) crescimento dos alunos na seriedade e justeza no desempenho de seus papéis; b) maior vivacidade na percepção dos sentimentos e na intuição; c) maior entrosamento do corpo com as emoções e a espontaneidade; d) maior interação entre os alunos a partir do acolhimento das críticas e das propostas de conteúdo; e) maior consciência de cada aluno sobre seu papel dentro do grupo e a recuperação da possibilidade de ser mais espontâneo e criativo nesta vivência do papel; f) melhoria nas relações e nos estilos de conduta; g) facilitação no processo de compreensão dos conteúdos abordados em sala de aula.

Tendo concluído a apresentação da teoria e da prática psicodramáticas e explicitada sua aplicação na educação, veremos como essa proposta foi assumida na experiência do laboratório litúrgico.

Psicodrama e laboratório litúrgico

Psicodrama significa "colocar a alma em ação" (*psyquè* + *drama*). Isso recorda a exigência de dar-se prioridade à ação. Assim como em Lubienska, existe uma primazia do agir sobre o dizer. A liturgia é ação também. Ação que se faz com o corpo. Contra uma liturgia demasiadamente verbalista e racionalista, o laboratório litúrgico recupera a dimensão somática, afetiva e emocional da experiência ritual e serve-se da teoria e da prática psicodramáticas para ajudá-lo a compor sua proposta pedagógica.

Sem dúvida, o laboratório litúrgico deve ao psicodrama grande parte de seu êxito didático-pedagógico. É especialmente na estrutura da sessão do laboratório litúrgico que se vê de forma mais clara e evidente a influência do psicodrama.

Por isso, iremos começar pela comparação da estrutura das duas sessões: a do psicodrama e a do laboratório litúrgico. Como foi visto, a sessão psicodramática é composta basicamente de três fases: o aquecimento, o entrar em cena e atuar, e o falar sobre aquilo que se viveu. A primeira etapa é subdividida em duas: o aquecimento inespecífico, que visa ao relaxamento do grupo, e o aquecimento específico, que trabalha mais diretamente os atores para o exercício de seus papéis na encenação dramática. O laboratório litúrgico também começa com um momento de relaxamento, por meio de técnicas de respiração, movimentos baseados na ioga e em outras técnicas corporais. Em seguida, são realizados alguns exercícios mais específicos e direcionados para o relaxamento das partes do corpo que estarão mais em evidência no decorrer da expressão do gesto ritual.

A segunda etapa da sessão psicodramática corresponde à dramatização. Nela, os atores são convidados a colocarem-se em ação e, de forma criativa, vão dando rumo às cenas. No laboratório litúrgico isso acontece de forma semelhante na segunda e terceira etapas, ou seja, nas etapas de "sensibilização e experimentação ritual". Trata-se do núcleo central da sessão do laboratório litúrgico. Nelas, são resgatados os gestos rituais do cotidiano, sejam eles religiosos ou não, através de encenações, mas intimamente ligadas ao gesto ritual litúrgico que se está querendo estudar. Depois, os atores são convidados a experimentar criativamente diversas formas de realizar o gesto ritual litúrgico, tendo sempre presente a necessidade da unidade desejada entre o fazer, o pensar e o sentir.

A sessão psicodramática termina com o compartilhamento (ou *sharing*). Nele, cada um é solicitado a dar seu parecer sobre o que viu, sentiu e experimentou. No caso do laboratório litúrgico, o momento chamado "conversa dos três pontos" vai proporcionar aos participantes, através da partilha,[6] uma maior consciência sobre qual gesto externo estava previsto para ser realizado e como de fato o foi; bem como um maior aprofundamento sobre o sentido teológico-litúrgico do gesto e sua respectiva atitude interior. Compartilhando com os demais, esse momento da sessão possibilita, também, a tomada de consciência (aqui, consciência é algo para além do puramente racional) de certas atitudes, compreensões equivocadas sobre o real significado de cada gesto e sentimentos difusos durante sua execução, possibilitando uma nova atitude gestual criativa, que devolve ao gesto ritual sua verdade e autenticidade.

Outra possibilidade de comparação entre o psicodrama e o laboratório litúrgico diz respeito ao fato de que a sessão psicodramática se realiza no âmbito do "como se". O laboratório litúrgico antecipa a celebração, num sentido semelhante: vive-se a celebração no ambiente do "como se". Não se trata de ensaio nem da própria celebração. Trata-se de um momento intermediário.[7] Essa observação é muito importante para que se evite transformar o laboratório litúrgico em celebração ou, ainda, transformar uma celebração em laboratório litúrgico. Deve-se evitar, portanto, fazer celebrações explicadas e com intervenções do tipo "dinâmicas de grupo" para favorecer essa ou aquela atitude dos participantes da celebração.

Há ainda um outro aspecto da sessão psicodramática que podemos identificar também no laboratório litúrgico. No psicodrama, os atores são convidados a assumir papéis de sua vida diária (familiar, social, profissional etc.) para poder revivê-la em profundidade e, a partir daí, usar da espontaneidade e da criatividade para refazer a própria realidade de maneira dife-

---

[6] Se o laboratório litúrgico tivesse assumido a nomenclatura do psicodrama, teria, com certeza, optado pela expressão "partilha" em vez de "compartilhamento", por ser um termo mais comum e mais utilizado na pastoral da Igreja.

[7] Em suas colocações introdutórias à sessão do laboratório litúrgico, Buyst costuma dar o seguinte exemplo: "O laboratório litúrgico não é a partida de futebol... é o treino. No treino, a gente joga como se fosse no dia do jogo, mas ainda não é o jogo".

rente. No laboratório litúrgico, quer-se atingir essa mesma consciência na vivência dos papéis (ministérios) que se assume na celebração. Por isso, na sessão do laboratório litúrgico, ao discutir e eleger um "recorte" no rito para poder experimentá-lo criativamente, é necessário identificar os atores do rito e fazê-los envolver-se na experimentação. O laboratório litúrgico acredita que somente por meio desse exercício prático é possível pensar ações rituais capazes de comunicar aquilo que de fato devem comunicar.

Já vimos que são cinco os elementos básicos do psicodrama: o protagonista ou ator, o diretor, o ego auxiliar, o palco e a platéia. No laboratório litúrgico, os elementos básicos do psicodrama são levados em consideração, mesmo que não sejam explicitamente assim denominados.

Segundo Buyst, no psicodrama há dois tempos e dois espaços: existem aqueles que entram no palco, ao passo que ao redor permanece a platéia. Enquanto os atores entram no tempo do "como se", os espectadores permanecem no tempo real, na realidade. Durante a cena pode acontecer alguma inversão de papéis. Buyst considera esse momento da troca de papéis muito importante, pois, segundo ela, "tal troca permite olhar, de forma objetiva, a própria vivência subjetiva, tomando uma certa distância no tempo e no espaço". No laboratório litúrgico, esses dois tempos e dois espaços também são considerados. Aqueles que executam o rito permanecem numa circunscrição de espaço menor (palco), enquanto os demais permanecem observando. Em algumas situações especiais, é requisitada a participação das pessoas da platéia também como atores.[8]

Na teoria moreniana, a espontaneidade, a criatividade e a conserva cultural são três elementos interdependentes. De qualquer forma, Moreno quis a recuperação da espontaneidade numa convivência mais saudável com a conserva cultural, não desejando ignorá-la completamente, mas possibilitando, pela criatividade, a geração de respostas novas às situações. Também o laboratório litúrgico, na medida em que busca o exercício da criatividade na vivência da ação ritual, não propõe o rompimento com

---

[8] Geralmente isto acontece quando os gestos rituais da própria assembléia litúrgica precisam passar por uma recriação.

a tradição ritual (o que colocaria em risco a própria natureza do rito). Trata-se, portanto, de admitir a conserva cultural do rito e estabelecer novas maneiras criativas e espontâneas de vivenciá-lo.

Com relação à questão metodológica, o psicodrama pedagógico garante a aquisição do conhecimento, seja em nível dedutivo e intelectual, seja em nível indutivo e considerando o corpo em ação como necessário em todo processo. Há, também, uma preocupação com o envolvimento afetivo do aluno, o que constitui um acréscimo à experiência do laboratório litúrgico a que Lubienska não deu tanta relevância. A metodologia do psicodrama pedagógico supõe, antes de mais nada, a ruptura com uma metodologia apenas livresca baseada numa estrutura puramente racional e a opção por uma concepção de ensino–aprendizagem mais integradora.

Recordemos, aqui, o que diz Romaña (1996, p. 48) a respeito dos três passos do caminho percorrido pelo conhecimento a ser transmitido. O psicodrama pedagógico, como o laboratório litúrgico, parte sempre daquilo que o grupo já sabe sobre o tema, para assim estabelecer um envolvimento afetivo com o que está sendo proposto para o aprofundamento. É a etapa que Romaña chama de "aproximação intuitiva e afetiva". Essa é uma contribuição que, em parte, já é assumida pelo laboratório litúrgico, mas que precisa ser melhor considerada, principalmente no que se refere à aproximação afetiva do aluno em relação ao tema. No laboratório litúrgico, essa dimensão é ainda um pouco descuidada. Às vezes, corre-se o perigo de dar somente importância à dimensão afetiva da ação ritual, sem uma atenção especial também à aproximação afetiva do aluno com o tema proposto.

Ainda sobre esse assunto da aproximação afetiva, quando convidado para avaliar a experiência do laboratório litúrgico, Ormonde assim se expressou:

> Constato que o laboratório litúrgico exige proximidade entre as pessoas, tanto participantes entre si quanto participantes e orientador. É impossível fazer laboratório se as pessoas envolvidas não se "entregam", ou seja, se não desejam se

relacionar no momento e se têm bloqueios para a auto-revelação. Naturalmente, o trabalho corporal que inaugura cada laboratório facilita essa "entrega" pessoal, mas ela depende da decisão de cada pessoa e do contexto. O laboratório exige integração do grupo e leva à integração, embora não seja essa a sua finalidade.

É mister retomar, neste momento, o conceito de tele no psicodrama. Nele, a tele é a faculdade humana de estabelecer relações e comunicar afetos a distância. Essa energia pode ser de atração, rejeição ou indiferença. Portanto, a tele tem ligação com a dimensão afetiva do trabalho que está sendo desenvolvido, seja ele terapêutico, seja pedagógico. Vale ainda destacar que a própria espontaneidade depende, em parte, da tele. É, pois, um elemento que garante a unidade, a coesão do grupo.

No laboratório litúrgico, o que Ormonde chamou de "entrega" corresponde, exatamente, ao conceito de tele. Para chegar ao objetivo de ser uma técnica que estimula a criatividade a partir da ação ritual espontânea (entenda-se autêntica), aqueles que dirigem a sessão do laboratório litúrgico não podem esquecer de buscar meios para provocar a tele no grupo. Isso porque o laboratório litúrgico não é uma mera dinâmica de grupo. Trata-se de uma técnica que, realizada em grupo, tem sua finalidade dirigida para a educação da ritualidade.

O segundo passo apontado por Romaña é o da "aproximação racional ou conceitual". Partindo-se da cena dramatizada, é possível recolher os elementos para a elaboração do conceito. A partir do envolvimento de todos, vai sendo sistematizado o conteúdo que se quer transmitir na aula. No caso do laboratório litúrgico, essa aproximação vai acontecer, de modo particular, no estudo do ritual. Nessa etapa da construção criativa do gesto ritual, recolhem-se os elementos teológico-litúrgicos que justificam determinada atitude gestual.

O terceiro passo, Romaña chama-o de "aproximação funcional". Nessa fase, o conhecimento já foi integrado a partir de novos esquemas que surgiram durante o ensaio criativo da cena dramática. Os alunos são capazes agora de estabelecer relações e de integrar o novo à própria experiência. O laboratório litúrgico também estimula o conhecimento a partir da ação. Ao concluir a sessão do laboratório litúrgico, supõe-se que o aluno saiba lidar mais criativamente e melhor com os gestos rituais da celebração, uma vez que a experiência do laboratório litúrgico deu-lhe uma nova consciência e postura diante da sua prática anterior.

É possível, pois, perceber o quanto o laboratório litúrgico foi influenciado pelo psicodrama. Dessa influência nasce uma real e inevitável necessidade de um aprofundamento e uma revisão sobre a formação psicodramática de todos os que irão se utilizar do laboratório litúrgico como técnica de ensino.

IV
Visão holística

Neste capítulo, será apresentada uma síntese do que se entende sobre a visão holística da educação. Nosso objetivo é identificar, na proposta do laboratório litúrgico, elementos dessa nova forma de pensar, de ver a realidade. Assim, daremos maior destaque a algumas matizes teóricas da visão holística da educação que exerceram influência na formação do laboratório litúrgico.

Fundamentos históricos

Origem da palavra

A palavra "holística" vem do grego *holos*, que quer dizer todo, inteiro. Atualmente, o termo "holístico" e seus derivados vêm sendo utilizados em muitos campos da ciência — especialmente na filosofia, na física, na educação, na medicina — como sendo um novo modelo mais abrangente de pensar e de viver a realidade. A repercussão dessa nova perspectiva é, hoje, sentida em muitos outros segmentos da vida, assim como atestam Gutierrez & Rojas (1999, p. 30): "Abandonar o paradigma que presidiu nosso agir até o momento significa, por isso, apoderar-se de espaços inéditos que requerem novas respostas em todos os âmbitos: político, econômico, cultural, educativo e outros".

A expressão holismo é moderna. Foi usada, pela primeira vez, pelo filósofo e estadista sul-africano, militante do movimento anti-*apartheid*, general Jan Smuts (1870-1950), em seu livro *Holism and evolution* (1926), publicado em Londres. A tese básica do livro é a idéia de que existe uma tendência holística e integradora no universo. Smuts propunha uma espécie de cadeia relacional, na qual uma força era responsável pela criação de conjuntos, desde o átomo até o universo, passando pela célula e pela sociedade. Ele chamou essa força de holismo, e criou a palavra "holístico" (cf. Brandão & Crema, 1991a, pp. 14-16). Vale lembrar que essa obra de Smuts passou despercebida no debate científico, e somente foi recuperada alguns anos depois de sua publicação.

Evolução do paradigma

A história humana é dinâmica. Esse dinamismo decorre de mudanças que revolucionam o pensamento e, por isso, implicam visões e concepções diferentes da realidade. Esse processo é identificado como "mudança de paradigma".

Segundo Thomas Kuhn, paradigma constitui um conjunto de princípios, regras e padrões compartilhados por uma comunidade científica. Observando a história das ciências, Kuhn atribui a mudança de paradigma às chamadas "revoluções científicas", quando o paradigma até então vigente é total ou parcialmente substituído por um novo. Para Cardoso (1995, p. 17), paradigma seria "uma constelação de crenças e valores que determina o modo de pensar e agir do ser humano de uma determinada época".

A história ocidental, na visão de Cardoso (1995, pp. 20ss.), percorreu três grandes paradigmas: o teocêntrico, o antropocêntrico e o ecocêntrico. Mesmo considerando que cada um dos paradigmas de alguma forma preexiste ou subexiste no interior dos outros, vamos de forma sintética apresentar sua evolução.

O primeiro paradigma, que organizou e deu sentido aos mistérios da natureza e das grandes questões do ser humano, foi o "paradigma mítico". Esse paradigma estabeleceu a existência de dois mundos: o mundo da natureza e o mundo dos deuses. Segundo Cardoso (1995, p. 20), o paradigma mítico ofereceu a base para o que mais tarde será a metafísica e, depois, o paradigma teocêntrico.

O mito aparece como tentativa de explicação da realidade por meio de narrativas, poemas e histórias. Tem, marcadamente, um caráter emocional e intuitivo. Nesse paradigma, a cosmovisão tem características muito próximas da perspectiva holística. Segundo Pelizzoli (1999, p. 52), na cosmovisão mítica "o cosmos será o mundo da multiplicidade na unidade; uma unidade que indica uma harmonia, uma ordem maior, um momento de compreensão do todo [...]".

O mito é, portanto, a primeira forma de o ser humano compreender a vida e seus mistérios. No mito, há uma presença marcante do sagrado: atribui-se aos deuses a função de dar sentido à existência, à realidade. Enquanto percepção espontânea da vida, o mito é, de certa forma, desprovido de provas lógico-causais e empírico-científicas. Tem, portanto, caráter intuitivo e simbólico, fantasioso, imaginário.

Assim como o paradigma mítico, o "paradigma teocêntrico" constituiu uma resposta à dimensão transcendente do ser humano que, desde a ruptura com os mitos, continua em busca de respostas, de explicações para as questões existenciais: do cosmo, do mundo, da vida, do destino, da mente etc.

O paradigma teocêntrico tem suas bases em duas fontes religiosas: a tradição órfica[1] e a tradição judeo-cristã. Mas foi na Idade Média que se sistematizou filosoficamente o paradigma teocêntrico com uma influência ainda maior da cultura grega, especialmente do platonismo. Uma das características mais explícitas desse novo paradigma foi (e perdura até os dias de hoje) a dualidade do ser, manifestada nos binômios que se separam e se contrapõem: corpo–alma; matéria–espírito. Nesse paradigma, a alma tem primazia e o corpo é a prisão da alma. A negação do corpo era usada para a ascese, que prometia o prêmio da felicidade eterna às almas que se preservassem do pecado.

No século XIV, o paradigma teocêntrico começou a entrar em crise. O método empirista iniciou a ruptura entre razão e fé. Mas foi no

---

[1] Doutrina órfica: do sacerdote e poeta Orfeu (VI a.C.), que considerava a alma imortal, contrapondo-a ao corpo.

século XVI, especialmente com as idéias de Giordano Bruno sobre a infinitude do universo, que o paradigma deixou de apresentar respostas convincentes às perguntas que surgiam. Com o advento do Renascimento, uma nova cosmovisão e um novo modo de ver o ser humano começaram a esboçar-se.

Surgiu o chamado "paradigma antropocêntrico", segundo o qual a razão e a experiência tinham a primazia na busca das respostas às perguntas do homem moderno. O objetivo agora era descobrir o mecanismo de funcionamento do cosmo, do universo, da natureza, para tentar dominá-los e transformá-los. De acordo com esse novo paradigma, existiam dois critérios para a verdade: a lógica matemática (razão) e a experiência (sensação). Daí decorreram duas grandes correntes filosóficas: o racionalismo e o empirismo. Seus maiores expoentes foram: René Descartes e Francis Bacon, respectivamente.

Mais tarde, um dos pensadores mais famosos da física moderna, Isaac Newton, apresentou uma síntese das duas correntes. Em sua obra *Princípios matemáticos da filosofia natural*, ele sistematizou, a partir de argumentos matemáticos, uma concepção mecanicista da natureza. Enquanto "máquina", o universo e o próprio ser humano poderiam ser fragmentados e compreendidos racionalmente.

As grandes correntes do pensamento moderno que se seguiram assumiram, de certa forma, tal paradigma mecanicista. Basta lembrar, no século XIX, as teorias evolucionistas de Darwin, o positivismo de Comte, o behaviorismo de Pavlov e o próprio materialismo dialético de Marx com a defesa do racionalismo científico.

Com todas essas influências, a sociedade moderna começou a depositar no cientificismo e na tecnologia toda a sua confiança para a solução de seus problemas. Enquanto na Idade Média o paradigma era o da fé religiosa, na Idade Moderna o progresso foi o grande objetivo da razão científica. No entanto, do ponto de vista existencial, tudo isso veio a contribuir para o surgimento de uma ética individualista e materialista e, conseqüentemente, uma civilização baseada no ter.

Desencantado, o ser humano testemunha hoje não somente a macrocrise que atinge todos os setores da vida, provocada pela desagregação e pela fragmentação do ser humano, mas também a busca espontânea por um novo paradigma que *re*-signifique a própria existência e restabeleça a paz perdida. Esse novo paradigma assume vários nomes, mas pode ser chamado de "paradigma ecocêntrico ou holístico". Trata-se, a princípio, da superação da visão racionalista-mecanicista da realidade que predominou, até os dias de hoje, na cultura ocidental (cf. Capra, 1995, p. 13).

O ponto de partida para o surgimento desse novo paradigma foi a revolução científica desencadeada pelas teorias da relatividade e da física quântica. A partir daí, em substituição ao paradigma mecanicista vigente, muitos cientistas adotaram o que se chamaria mais tarde de "paradigma holístico". Desse novo paradigma, emerge uma nova cosmovisão, onde o universo não é mais representado como uma máquina composta por uma infinidade de objetos, mas seria um todo dinâmico e indivisível.

Ao longo deste capítulo, veremos uma síntese daquilo que propõe este novo paradigma.

Fundamentos filosóficos

A parte e o todo

O princípio fundamental da holística é aquele que afirma que todos os fenômenos do universo não são isolados mas, ao contrário, estão intrinsecamente relacionados. É sobremodo importante fazer notar que é na relação dinâmica entre estes dois conceitos — todo e parte — que a realidade se manifesta e se unifica.

A visão integral, tanto do mundo como do ser humano, requer como passo fundamental o esclarecimento das relações entre o todo e suas partes, entre a integralidade e a fragmentação, entre as dimensões macro e micro. Ao contrário daquilo que pregava a visão mecanicista, de que o todo é igual à soma das partes, a visão holística vai mostrar que numa unidade integrada surgem sempre propriedades novas que não se encontram em cada um dos elementos que a integram, o que demonstra que a estruturação do todo depende, na verdade, das relações congruentes e dinâmicas das partes.

O conceito de complementaridade serve de auxílio para entender melhor como se dá a relação do todo e das partes na perspectiva holística. Assim se expressa Ribeiro (In: Brandão & Crema, 1991a, p. 142): "O todo está na parte, a parte está no todo e, ao mesmo tempo, o todo é qualitativamente diferente da soma de suas partes. O todo constitui, assim, uma realidade por si própria e é anterior às suas partes, e é ele que dá sentido e especifica a parte".

Um exemplo dessa relação entre todo e parte é o próprio cosmos. Também ele se constitui num grande e complexo sistema de relações sendo, ao mesmo tempo, uma totalidade. Isso quer dizer que, a princípio, tudo o que está presente nele se identifica como sendo parte de um único ser. Assim se expressa Cardoso (1995, p. 49): "Ontologicamente, a realidade é concebida como um 'holograma',[2] em que todo-e-parte formam um binômio inseparável. O todo está em cada uma das partes e, ao mesmo tempo, o todo é qualitativamente diferente do que a soma das partes".

Os estudos da genética, da neurofisiologia e da física quântica foram os grandes inspiradores dessa nova cosmovisão. Uma das teorias mais revolucionárias foi a holográfica, desenvolvida pelo físico quântico David Bohm e pelo neurofisiologista Karl Pribram. Partindo de caminhos diferentes, os dois chegaram à mesma conclusão. Bohm convenceu-se da natureza holográfica do universo após anos de insatisfação metodológica

---

[2] Holograma é o fenômeno produzido quando um único raio laser é dividido em dois feixes separados. O primeiro feixe é projetado no objeto a ser fotografado. Então, faz-se com que o segundo feixe colida com a luz refletida no primeiro e o padrão de interferência resultante é registrado em filme. A olho nu, a imagem do filme não se parece em nada com o objeto fotografado. Mas, quando o outro feixe de raio laser brilha através de qualquer pedaço ou parte do *filme*, uma imagem tridimensional do objeto original reaparece. E essa imagem é convincente, podendo-se até andar em volta dela e vê-la a partir de diferentes ângulos sem, no entanto, existir nada ali.

na explicação da física quântica. Igualmente, Pribram convenceu-se disso a partir da falta de explicações satisfatórias para os diversos enigmas neurofisiológicos, a começar da questão de como são armazenadas as recordações no cérebro. Neste trabalho de pesquisa, destaca-se a idéia de totalidade desenvolvida principalmente por Bohm. Considerando que tudo no cosmos é formado de tecido holográfico contínuo, Bohm afirma que não tem sentido considerar o universo como composto de "partes". Um elétron, por exemplo, não pode ser considerado uma partícula elementar. Segundo Bohm, essa denominação é arbitrária. Na verdade, trata-se de outro fenômeno: o holomovimento (cf. Talbot, 1991, p. 35).

As idéias de Bohm significaram um avanço em relação às idéias de Einstein, que defendia o contínuo somente das categorias espaço–tempo. Bohm diz que tudo no universo, é parte do contínuo. Apesar da aparente separação das coisas em nível explícito, tudo é uma extensão contínua de tudo. Isso não quer dizer que o universo se confunda com uma massa indiferenciada e gigante. As coisas podem ser parte de um todo indivisível e ainda ter suas próprias características (cf. Talbot, 1991, pp. 72-75).

Vive-se hoje uma tendência quase universal de fragmentar o mundo e o ser humano. Fragmentar é ignorar a interligação dinâmica de todas as coisas. Esse modo fragmentado de perceber e de relacionar-se com a realidade já demonstrou ser destrutivo para o próprio ser humano.

Hoje, muitos pesquisadores e cientistas assumem uma nova perspectiva e não têm dificuldade em considerar, por exemplo, que todas as características do universo estão, de alguma forma, já codificadas e presentes num átomo, da mesma forma que numa célula estão contidas todas as características de uma pessoa. Por sua vez, cada pessoa é também uma célula de um mesmo sistema vivo — a Terra —, e esta é uma partícula do organismo universal. Portanto, cada ser humano participa da totalidade do cosmos, e aliená-lo dessa sua dimensão essencial é descaracterizá-lo ontologicamente.

Em síntese, segundo a concepção holográfica, pode-se afirmar, com respaldo em evidências, que assim como a parte está no todo indivisível, o todo está nas partes, confirmando a expressão "unidade na diversidade".

Visões de ser humano e relação corpo–mente–alma–espírito da holística

Para explicar a visão antropológica holística, nós nos serviremos da caracterização que fez Leloup (1999b, pp. 50-57) a partir de seu estudo sobre os "terapeutas do deserto".[3]

Uma primeira possibilidade de compreender o ser humano é vê-lo de forma unidimensional. Nesse sentido, o ser humano é visto apenas numa dimensão: a matéria, o corpo. Nessa perspectiva, quando o corpo apresenta "defeitos" e dificuldades, o papel do médico é "recolocar" a máquina em funcionamento. De acordo com essa visão, o pensamento não passa de uma complexidade da matéria, jogos do cérebro. É a matéria que produz espírito, mas não há espírito fora da matéria. A morte, por exemplo, aparece como fracasso da máquina e da tecnologia para fazer esta máquina funcionar.

Já na visão bidimensional, o ser humano é apresentado em duas dimensões: corpo e alma (*psique*). Dessa forma, a alma independe do corpo e nela habitam as informações que "animam" o corpo. Há pessoas que, após terem estado em coma, puderam relatar detalhes desse período de sua vida como se estivessem fora do corpo, observando tudo o que se passava com elas.

Mas há um limite nessa visão: o dualismo platônico, segundo o qual a alma está enclausurada no corpo e deve dele libertar-se. Assim, tem-se a tendência de privilegiar o mundo da alma, desprezando o corpo.

Já numa perspectiva tridimensional, o ser humano seria entendido como formado por três dimensões: corpo (*soma*), alma (*psique*), espírito (*nous*). *Nous* não é uma palavra de fácil tradução. Não se trata somente da inteligência analítica ou racional, nem do mundo das emoções ou

---

[3] Os chamados "terapeutas do deserto" foram apresentados pelo filósofo judeu Fílon de Alexandria. Trata-se de uma tradição judaica estabelecida às margens do lago Mareótis. A expressão "terapeutas do deserto" advém do sacerdócio do deserto, do serviço terapêutico que eles prestavam naquela região e que partia de uma visão de ser humano integral.

dos sentimentos, das sensações. Trata-se de uma espécie de "inteligência contemplativa", ou, na linguagem semita, "coração inteligente", aquilo que descobrimos através das práticas de relaxamento profundo e de meditações. Os antigos consideravam a "parte divina do ser humano". Alguns consideram ainda como a parte do ser humano onde o divino se reflete (espelho). Não é a luz, mas reflete a luz. Por exemplo, João Batista: era testemunha da luz, e não a luz.

Mas há um limite nessa visão: priorizar demasiadamente uma parte do ser humano e, de novo, desprezar o resto do composto humano. Disso origina-se uma tentação: aquela que insistiria que, para libertar o espírito, desprezar-se-ia o corpo, os sentimentos, as emoções e o pensamento racional.

Surge então uma quarta opção para entender o ser humano em sua complexidade. Trata-se da visão quadrimensional ou holística. Os "terapeutas" consideravam o ser humano uma totalidade formada de corpo (basar), mente (nephest) e espírito (nous). Esses três são indissociados. Os três provêm do Ruáh (sopro divino, energia criadora). Portanto, o ser humano é formado de três dimensões (corpo, alma, espírito) perpassadas pelo pneuma. Nessa visão, o corpo submete-se à psique, e esta, ao nous. Trata-se de introduzir o pneuma no soma, não desprezando o corpo, mas permitindo que ele receba melhor o sopro (experiências de transfiguração); introduzindo o pneuma na psique, não para destruir os sentimentos e emoções, mas para sentirmo-nos livres em relação a elas; introduzindo o pneuma no nous, não o idolatrando, como parte divina do ser, mas considerando-o espelho da luz.

Portanto, quando qualquer uma das dimensões assume a supremacia, desprezando qualquer uma das demais, gera patologias. A função do terapeuta é restabelecer essa harmonia.

O todo no ser humano

Do ponto de vista dos "terapeutas do deserto" e da holística, é necessário abandonar a idéia de um ser humano unidimensional ou fragmentado de forma bidimensional ou tridimensional. A função do *pneuma* seria a de garantir a unidade dos três. O ser humano constitui, pois, uma totalidade complexa. Não existem partes justapostas. Tudo nele se encontra articulado, formando um todo orgânico.

Para Boff (In: Lima, 1999, pp. 21ss.), o ser humano é a "sintonia de múltiplas dimensões que coexistem e se interpenetram: a exterioridade, a interioridade e a profundidade". A exterioridade diz respeito às relações que o ser humano mantém com o universo, com a natureza, com a sociedade; a interioridade está ligada à dimensão dos sentimentos, desejos, intelecto, ao consciente e ao inconsciente; a profundidade corresponde à capacidade de captar o que está para além das aparências, de apreender a essência das coisas. Baseando-se no pressuposto da inter-relação entre as dimensões, pode-se compreender que os problemas enfrentados pelo ser humano têm suas raízes em alguma dessas dimensões que afeta as demais.

O princípio é, portanto, o da unidade do ser. Até mesmo a preocupação social deve ser encarada como fazendo parte de uma totalidade. Dessa forma, cuidar do próximo é cuidar também de mim; e cuidar dos dois é cuidar do universo.

Principais influências

Mesmo considerando que a holística, enquanto sistema de idéias e vivência, tenha sido sistematizada pelo pensamento contemporâneo, podemos constatar que ela foi sendo esboçada ao longo da história. A noção de história como processo dinâmico faz-nos afirmar que, de alguma forma, o paradigma holístico estava contido nos paradigmas anteriores. Aqui, vamos apresentar apenas algumas influências. Temos consciência de que a gama de idéias e teorias que influenciaram o paradigma holístico é extensa demais. A lista a seguir é, pois, incompleta, mas chama a atenção para alguns matizes teóricos da abordagem holística.

A presença do todo nas partes e das partes no todo, a questão da unidade-na-diversidade e a diversidade-na-unidade são idéias basilares da abordagem holística e estão significativamente presentes nas grandes religiões orientais e em suas tradições espirituais. Inicialmente, o hinduísmo, em seu livro sagrado dos Vedas, explica que o *Dharma* é aquilo que mantém unidas as pessoas e o universo. Também o budismo atesta que esta realidade particular-universal está presente na cultura (cf. Azevedo, 1991, pp. 119-121). Ainda, no taoísmo, encontra-se a mesma visão integrativa. A teoria do *Tao*, como princípio primário de todas as coisas, é regida pela inter-relação de dois pólos indissociáveis: o *ying* e o *yang*.

Também encontramos traços da visão holística de raízes ocidentais: as teorias dos primeiros pré-socráticos, os quais buscavam um elemento da natureza que fosse a realidade primeira e fundamental, a essência do mundo, uma espécie de elemento divino. Assim eram entendidos os conceitos de água em Tales de Mileto, o *apéiron* de Anaximandro e o ar de Anaxímanes.

A teoria do universo anímico de Giordano Bruno também aponta para a idéia de não-dualidade entre matéria–espírito. Para ele, toda matéria é provida de uma animação espiritual e essa *anima* é o próprio espírito de Deus, a própria divindade. Deus, portanto, seria imanente ao cosmos, e o cosmos seria uma expansão infinita de Deus. Não se trata de um "panteísmo" que prega a existência de uma "parte de Deus" em cada ser vivo: a proposta de Giordano Bruno é a de um "pan-en-teísmo", onde Deus habita tudo em todos e tudo está em Deus (cf. Boff, 1993, p. 52).

Outro filósofo inspirador da visão holística foi Leibniz. Em seu conceito de mônadas, uma espécie de microcosmo, ele se aproxima da idéia da presença do todo na parte, tese básica da holística.

O resgate da metafísica e a teoria da intuição como método filosófico fez de Bergson um dos filósofos modernos mais influentes da abordagem holística. Sobre a teoria da intuição de Bergson, escreve Cardoso (1995, p. 40):

> Para ele, a inteligência — ao elaborar conceitos — fragmenta e fixa a realidade, que, na sua essência, é duração pura. Somente a intuição pode apreender "todas as ondulações do real", [...] a unidade de uma continuidade, a unidade de nossa realidade, e não esta unidade abstrata, derivada de uma generalização suprema, que seria a unidade de qualquer mundo possível.

Outros nomes do pensamento moderno e contemporâneo também influenciaram a sistematização da abordagem holística: Teilhard de Chardin e sua teoria da complexidade–consciência, que vai se aperfeiçoando qualitativamente desde a matéria inorgânica até a consciência humana; Carl Rogers, que afirmava que a energia vital do ser humano era, na verdade, manifestação da energia cósmica.

Não se pode esquecer, também, de Carl Gustav Jung, considerado um dos mais influentes pensadores e precursores da visão holística. Uma das grandes contribuições de Jung à comunidade científica foi o questionamento à lei rígida da causalidade. Em 1950, em seu livro *Um princípio de conexões acausais*, Jung sustentou, através de fundamentação empírica, o conceito de coincidência significativa, fundamentado na simultaneidade, que serviria daí em diante para a investigação dos domínios ditos inatingíveis da objetividade científica. Para ele, o princípio da sincronicidade, ao contrário da causalidade, considera a correspondência entre um acontecimento psíquico e uma situação externa que transcorrem simultaneamente dentro de uma unidade de eventos.

Também com relação à idéia de totalidade, Jung apresenta sua contribuição. Conforme atesta Cardoso (1945, p. 40):

> [...] o conceito junguiano de individuação refere-se ao processo de plena realização do potencial inato do ser. Este tem uma base instintiva e implica uma dinâmica de circunvolução em direção ao real centro psíquico, denominado por ele de *self* ou si mesmo. O *self* individual é um reflexo particularizado do *Self* Universal.

A respeito ainda da noção de totalidade, Jung detectou nas mandalas[4] pintadas por seus pacientes a presença de uma totalidade, de um arquétipo de Ser Supremo que engloba em seu seio todas as coisas. Para ele, essas imagens eram representações do inconsciente coletivo encontradas em todas as épocas.

---

[4] Mandala, em sânscrito, quer dizer, círculo e centro. O círculo simboliza o cosmo em sua inteireza e o quadrado é o símbolo da terra ou do homem feito mundo. No *I Ching*, corresponde ao *yang* (masculino) e ao *ying* (feminino). Jung descobriu e popularizou a mandala como uma forma artística integrativa e terapêutica usada pelos pacientes em sua própria luta pela individuação.

Ainda para Jung, a harmonia do ser dá-se na integração entre a razão, a sensação, o sentimento e a intuição. Essas seriam as quatro funções psíquicas do ser humano e elas estariam ordenadas em duas polaridades: razão–sentimento e sensação–intuição. É a partir dessa conexão que o ser humano pode alcançar o equilíbrio, a saúde, o centro unificador da própria existência, ou o *self* verdadeiro. Esse princípio de integração foi o que da teoria jungiana mais influenciou a holística.

Também Einstein afirmava que o espaço e o tempo não são entidades separadas, mas estão suavemente ligadas e são parte de um todo maior, que se chama de contínuo espaço–tempo. A abordagem holística ampliou essa visão, esclarecendo que não somente as categorias espaço–tempo estão em contínuo, mas tudo o que existe no universo obedece a essa lei.

Fundamentos e implicações pedagógicos

Visão geral dos princípios pedagógicos da holística

Deseja-se agora evidenciar a visão de educação proposta pela abordagem holística. De antemão, este constitui-se um grande desafio, devido, principalmente, ao trabalho de "*con*-versão" que é proposto na medida em que um sistema já existente vai ter de acomodar-se, ou melhor, converter-se a um novo paradigma que está surgindo na ciência. O primeiro apelo será sem dúvida, aquele que diz respeito à saída de uma perspectiva fragmentada e mecanicista da educação para uma resposta a partir da totalidade. Essa totalidade em nenhum instante quer ser unilateral (pois deixaria de ser, então, totalidade). Não há, portanto, margem para o império só do corpo, só da mente, só da afetividade, ou só da espiritualidade, mas do ser total. O ser humano seria o todo em tudo.

O paradigma holístico é aquele da integração harmoniosa parte–todo–parte. Nessa dinâmica, não há conflito entre teoria e prática. Passa-se de uma para a outra de forma integral e harmônica. Alguns conceitos básicos da holística aplicados à educação são desenvolvidos sistematicamente por Ribeiro (In: Brandão & Crema, 1991a, pp. 137ss.).

O primeiro conceito é o de "totalidade". O desafio é, pois, a superação da fragmentação sujeito–objeto, mente–corpo, matéria–espírito, interior–exterior; eu-outro; felicidade–sofrimento etc. A pedagogia, para assumir a perspectiva holística, deverá levar em conta esse pressuposto. Na educação, a dualidade é sentida de modo claro nas propostas metodológicas. É preciso que o educando trabalhe a partir da totalidade de suas dimensões e não somente de uma parte. A educação é, pois, um caminho a partir da totalidade do ser, e que visa à mesma totalidade. Isso implica a necessidade de uma unidade interna do próprio educando.

Outro conceito importante para a abordagem holística na educação é o conceito de "transdisciplinaridade". É uma proposta que tenta superar a idéia de apenas juntar vários elementos para compreender-se o todo (interdisciplinaridade). Na visão transdisciplinar, o cientista sai do seu isolamento e vai relacionar-se com os outros para, juntos, buscarem a verdade que tem em vista a própria humanização do ser e do estabelecimento do equilíbrio de suas relações com os demais seres. Nessa busca, são chamadas a conviver em harmonia as múltiplas abordagens da ciência e da arte.

Também o conceito "parte–todo", já trabalhado neste capítulo, recorda que a educação holística, quando propõe que a educação não seja fragmentada, está chamando a atenção para que não haja dissociação entre o ato educativo e a realidade existencial do educando, como se uma não estivesse necessariamente ligada à outra. A educação holística busca a manutenção dessa relação, que é, na verdade, abertura para um universo de múltiplas e infinitas relações totalizadoras e essenciais a serem vividas e experimentadas pelo próprio educando.

Constata-se, nessa fragmentação do processo educativo, um superdesenvolvimento e uma supervalorização da dimensão puramente racional desvinculada das outras dimensões inerentes ao ser humano. Essa é uma herança cultural que predominou especialmente no Ocidente e que dissimulou dicotomias em toda sociedade. Segundo Cardoso (1995, p. 53), educar numa perspectiva holística significa "utilizar práticas pedagógicas que desenvolvam, simultaneamente, razão, sensação, sentimento e intuição, e que estimulem a integração intercultural e a visão planetária das coisas, em nome da paz e da unidade do mundo".

Nesse sentido, a educação assume um papel para além da simples transmissão de conteúdos. Ela quer também desenvolver no educando uma nova consciência que transcenda de uma relação centrada no individual para uma relação transpessoal.

Para conquistar esse objetivo, a educação, na perspectiva holística, busca desenvolver todas as potencialidades do aluno, de tal forma que esse aluno *aprenda a aprender* e não somente seja um receptor passivo de conteúdos científicos e técnicos. Na concepção de ser integral, a educação holística quer estabelecer uma inter-relação entre os dois hemisférios cerebrais (esquerdo e direito), que se completam mutuamente. Educar, nesse sentido, seria facilitar e orientar o educando no caminho do crescimento da pessoa como um todo.

Na abordagem holística da educação, cada aluno é um *hólon*, ou seja, uma totalidade única, com qualidades, capacidades, limites e necessidades específicas. O processo educativo supõe a consciência que o educando vai adquirindo da própria realidade através do desenvolvimento de suas potencialidades pessoais. Ele é chamado, portanto, a desenvolver a relação consigo mesmo.

Mas não bastaria um desenvolvimento no plano puramente individual. É um passo necessário para seguir adiante na abertura a planos de totalidades maiores, como o encontro com os outros, por exemplo. A sala de aula consistiria num espaço privilegiado na educação para a vivência comunitária, socializadora, de amizade e solidariedade, a partir do aprendizado para conviver com as diferenças.

Para Crema (In: Brandão & Crema, 1991a, pp. 74-108), o educador, entendido por ele como o "facilitador holocentrado", atua, antes de mais nada, numa visão de totalidade que começa a partir da *sinergia* entre o educador e o educando no processo de aprendizagem. A seguir,

Crema aponta algumas características que devem ser desenvolvidas na personalidade desse facilitador:

Inclusividade

Trata-se daquela atitude que não deixa despercebida nenhuma necessidade do educando e que considera os múltiplos aspectos e as inúmeras facetas do ser humano e da realidade. Para ele, nada passa despercebido e nada é insignificante. Ligada a esta característica está, também, a capacidade de não excluir ninguém, nem mesmo pelo olhar ou por atenções demasiadamente preferenciais. O termo inclusividade poderia ser traduzido por capacidade de acolhimento. Essa é uma das principais características do facilitador holocentrado.

Inocência

Não é à toa que os grandes mestres holocentrados apontam a criança como modelo de perfeição. Não se trata de manter uma visão ingênua das coisas, mas de não perder uma visão desarmada e sem preconceitos, capaz de ver a realidade e de captá-la a partir de sua fluidez.

Espaço interior

O ser humano vive num paradoxo: busca espaços perdidos enquanto a física quântica já demonstrou que o espaço não tem divisão. A visão holística propõe o esvaziamento interior como condição para o diálogo com o exterior. Essa condição é também importante para o educador holocentrado. Para ele, esse esvaziamento traduzir-se-ia no desapego às teorias, métodos e técnicas que se dizem absolutas. É preciso libertar-se para poder percorrer, ao lado do educando, o caminho aberto das inúmeras possibilidades de conhecer-se.

Flexibilidade

Ser flexível é demonstração de ser um contemplativo da vida. Aqui, não se trata de fazer concessões ao educando, permitindo-lhe tudo e qualquer coisa. Trata-se, ao contrário, de estar atento e de manter o ritmo próprio do ser humano: a dinâmica de expansão e recolhimento.

Plena atenção

O educador holocentrado é aquele que está sempre atento a todos, a tudo e em todos os sentidos. Permanecendo assim, ele não perde oportunidades para dar respostas criativas aos desafios do momento presente da aprendizagem.

Humor

Uma das maiores provas de que se está em estado de holocentramento é a capacidade de sorrir e de ter humor. Para o educador holocentrado, esta passa a ser uma exigência também. A tradição cultural estabeleceu o estereótipo do mau-humorado como aquele que leva as coisas a sério. É preciso, criativamente, ir reconstruindo a imagem do educador como aquele que pode levar a sua missão com seriedade e, ao mesmo tempo, não perder a ternura e o senso de humor.

Vocação

Um pré-requisito para o holocentramento é a consciência do que estamos fazendo e do porquê estamos fazendo ou exercendo determinada missão. Por isso, a atividade docente não se reduz a uma mera ocupação ou profissão. Ela deve ser vivenciada como realização da própria pessoa.

Intuição

Para a holística, a intuição é a inteligência por excelência. Segundo Crema (In: Brandão & Crema, 1991a, p. 98), a mente particular do ser humano está inserida na mente impessoal da humanidade (inconsciente coletivo, para Jung), que, por sua vez, está conectada à sabedoria universal. O intelecto é muito limitado para sintonizar-se com esses níveis. Por isso, portanto, a necessidade de conectar-se através do despertar da intuição. A visão intuitiva desvela uma ordem subjacente ao todo e inacessível à razão. O educador holocentrado não hesitará em acolher não somente as suas intuições, mas também aquelas oriundas da experiência intuitiva do próprio educando.

Paciência

Cada pessoa tem o seu ritmo, por exemplo: seu ritmo de aprendizado. O educador deve respeitar esse ritmo, tendo consciência e domínio do tempo para não atrasar, nem antecipar a aprendizagem.

Humildade

Por humildade entende-se a faculdade de ser aquilo que se é, sem acréscimos ou diminuições. O educador holocentrado deve saber dizer "eu sei" da mesma forma e com a mesma convicção que afirma "eu não sei".

Ter as mãos vazias

Trata-se do desprendimento de todo tipo de autoritarismo, tanto exterior como interior. Essa é uma condição para ser totalmente livre para a arte de educar.

Ver a parte no todo e o todo na parte

O educador holocentrado é instrumento de uma consciência não-dual, não fragmentada.[5]

A visão holística aplicada à educação defende a inter-relação entre todas as dimensões do ser humano e atesta a sua mútua influência. Portanto, segundo a holística, é impossível interagir numa dimensão sem que esta influencie nas outras e vice-versa. Uma opção de inter-relação na dimensão intelectual, por exemplo, repercutirá também sobre o plano espiritual, biológico, físico e emocional.

---

[5] A consciência não-dual é, entretanto, um acontecimento raro. Seria melhor falar que nós temos consciência dual e que constantemente vivemos em busca da sua superação.

A proposta pedagógica da holística é aquela que considera o ser humano em sua totalidade, levando em conta todas as suas dimensões e não se esquecendo de nenhuma delas. Corpo, emoção, intelecto e espírito constituem as várias dimensões da totalidade indivisível da pessoa humana. Há uma influência mútua entre elas e, de acordo com a visão holística, não se pode pretender educar desenvolvendo apenas uma única dimensão. Aqui, por uma questão apenas metodológica, iremos considerar cada uma das dimensões separadamente, mas queremos afirmar a íntima relação entre elas.

A primeira é a *dimensão corporal*. Ao contrário do que se pensava tradicionalmente — que a educação corporal apenas desenvolve o exterior —, a visão holística sugere o resgate da educação corporal que desenvolve um trabalho simultâneo entre exterior e interior. Nesse caso, a educação corporal vai se servir não somente de exercícios físicos, mas também de exercícios de concentração e de relaxamento; irá cuidar, também, da educação para a respiração e de uma alimentação adequada. A educação das atitudes e o aprendizado da atenção e da concentração são também preocupações dessa dimensão educativa na perspectiva holística. Vale lembrar que o trabalho corporal, quando leva em conta a educação da atenção, repercute no campo emocional e constitui-se numa atividade psicoterapêutica com influência decisiva nos campos espiritual e racional também.

Uma segunda dimensão é a *afetivo-emocional*. Hoje em dia, é fato comprovado pela ciência a influência de aspectos emocionais na origem de grande quantidade de patologias biológicas. Fala-se até mesmo em influência das emoções na produção dos líquidos orgânicos. A importância desse plano reside no fato de que os sentimentos estão presentes desde a vida intra-uterina, influenciando decisivamente a capacidade de percepção que vai sendo formada pelos chamados estímulos sensoriais. Para isso, deverá haver uma sensibilidade especial para a questão das emoções no processo de ensino-aprendizagem. Para Gutierrez e Rojas (1999, p. 67),

> [...] os sentimentos são as molas-chave na busca de novas e mais significativas relações. Precisamente por isso, são os sentimentos as fontes mais ricas, permanentes e variadas da aprendizagem com sentido. Os sentimentos, como motivadores e impulsionadores, colocam-nos — muito melhor do que a razão

— na pista para conhecer o ser humano, para significá-lo e para dar significado a si mesmo.

Nessa dimensão, a proposta da educação holística busca dar a conhecer ao aluno seus próprios sentimentos e educá-lo para sua autêntica expressão. Faz parte desse processo a educação para uma sadia afetividade através do desenvolvimento da auto-estima, das relações interpessoais e do associacionismo.

Com relação ao desenvolvimento da razão, a "educação intelectual", na perspectiva holística, vai priorizar a atenção ao desenvolvimento da capacidade cognitiva em relação ao conteúdo que deve ser transmitido. Por isso, uma das características da formação intelectual é a de "centrar a educação na significância interna de cada conteúdo" (Cardoso, 1995, p. 61).

Aqui também está presente o combate a uma visão fragmentada do ensino. A proposta holística de uma educação integrativa consiste justamente no equilíbrio entre o generalismo e a especialização. Trata-se de superar o aprendizado de conteúdos específicos, tendo em vista o desenvolvimento das habilidades cognitivas, capacitando o aluno a lidar com o instrumental necessário para a aquisição de novos conhecimentos.

Uma contribuição muito importante da visão holística para a educação é a recuperação e a revalorização da "dimensão espiritual". A educação, na perspectiva holística, parte do ser humano como ser transpessoal e aberto ao Transcendente. A holística, para ser uma proposta integradora e harmonizadora, não podia deixar de considerar a dimensão espiritual.

Vale lembrar que não se pode confundir a dimensão espiritual ou a educação espiritual com a experiência religiosa ou a educação religiosa. De qualquer forma, os educadores de abordagem holística consideram a possibilidade de uma educação religiosa aberta e integradora. Assim propõe Naranzo (In: Brandão & Crema, 1991a, p. 111):

> Se uma aula de religião fosse constar no currículo, ela deveria vir junto com uma introdução experiencial às doutrinas espirituais, um "laboratório de reli-

gião" que abrangeria uma instrução sobre meditação e práticas relacionadas, e que proporcionaria, ao indivíduo que deixa a escola, as ferramentas básicas para desenvolver-se espiritualmente na vida diária.

Em sua proposta de espiritualidade integral, Boff (1993, p. 139) traduz o que ele chama de movimento exterior-interior da experiência espiritual. Para ele, a espiritualidade

> [...] revela um lado exterior como conjunto de relações que concernem ao outro como homem–mulher, à sociedade e à natureza, produzindo solidariedade, respeito às diferenças, reciprocidade e sentido de complementação a partir dos outros. Possui também um lado interior que se realiza como diálogo com o eu profundo, com o grande ancião e a grande anciã que moram dentro de nós, com o mistério que nos habita e que chamamos de Deus, mediante a contemplação, a interiorização e a busca do próprio coração.

Mesmo considerando a necessidade de um conteúdo teórico, a educação espiritual é essencialmente vivencial. As práticas do silêncio, da meditação, da oração e da contemplação proporcionam paz, tranqüilidade, e estabelecem a comunhão com Deus.

Dimensão espiritual como princípio harmonizador

A categoria "espírito" está presente nas grandes tradições culturais, espirituais e filosóficas e é quase sempre representada na forma de sopro. Portanto, tudo aquilo que tem "sopro", que respira, tem "espírito". Na perspectiva holística, o "espírito" é a fonte da vida. Dele todos recebem o sopro da vida. Para Boff,[6] é possível identificar o Espírito de Deus como sendo aquela energia primordial de onde tudo vem, onde tudo se move e onde tudo é gerado (cf. Lima, 1999, p. 23).

A partir daí é que se pode compreender o que vem a ser espiritualidade numa perspectiva holística. Segundo Boff (In: Lima, 1999, p. 24):

---

[6] O conceito de "espírito", na holística, apresentado por Boff, questiona os conceitos tradicionais e modernos de "espírito". O primeiro, da tradição teológica cristã, designa o espírito como a parte transcendente e

"Se o Espírito é vida, o oposto ao espírito não é a matéria. O oposto ao Espírito é a morte como negação da vida. Por isso espiritualidade significa alimentar em nós essa fonte de onde jorra, continuamente, a vida".

Portanto, esse sopro, presente em cada ser humano, está ligado ao sopro do universo. A paz no nosso interior é a expressão da paz no universo e vice-versa. O "trabalho" espiritual começa justamente no corpo de cada um, nas emoções e no psiquismo de cada um. Esse trabalho visa não somente ao bem de nós mesmos, mas, holisticamente, ele está para o bem de todos. Nesse sentido, a dimensão espiritual representa um princípio harmonizador de todo ser humano, assim como tão bem entendeu Wilber (1984, p. 16):

> De um lado, portanto, o espírito é o mais alto de todos os domínios possíveis; é o cume de todos os reinos, o Ser além de todos os seres. É o domínio fundamental de qualquer outro domínio e, como tal, preserva sua natureza radicalmente transcendental. Por outro lado, como o espírito é onipenetrante e oni-inclusivo; como é o Fundamento de todos os fundamentos, a Condição de todas as condições e a Natureza de todas as naturezas, não se pode propriamente considerá-lo como um domínio colocado à parte dos outros domínios, mas como o Fundamento ou Ser de todos os domínios, o puro Isto, cuja manifestação não é mais do que um jogo ou modificação. E, assim, o espírito preserva (paradoxalmente) sua natureza radicalmente imanente.

A abordagem holística na educação, ao resgatar a educação espiritual como uma dimensão essencial, traz um novo significado ao conceito de espiritualidade que está na perspectiva daquele que foi apresentado: a "solidariedade planetária". Trata-se de transcendência da relação do ser humano somente com os outros da mesma espécie. A proposta é o alargamento do horizonte solidário, que leva ao estabelecimento de uma relação também com os outros animais, vegetais e minerais. É a partir dessa vivência harmô-

---

divina, oposta à carne do ser humano. O segundo, o conceito moderno de origem hegeliana, trata do espírito mais como um "modo de ser livre"; ter espírito é ser livre. Isso é até pertinente e digno de consideração, mas existe um limite na interpretação de que este espírito humano está desligado do espírito cósmico, universal.

nica abrangente que se pode compreender o sentido de espiritualidade na educação holística. Sendo assim, a espiritualidade é a grande responsável pela educação para a percepção do educando como sendo ele parte de um todo e o todo parte dele. Essa percepção, no entanto, dá-se no nível não somente do intelecto, mas também no nível do coração, necessariamente passando pelo corpo. Tudo isso sem negar a importância da libertação do ser humano de todo tipo de opressão e escravidão históricas. De qualquer forma, há uma ampliação da compreensão e vivência dessa libertação que contempla também a salvação da vida planetária.

Ora, nesse sentido, podemos considerar que a espiritualidade é o grande princípio harmonizador de todas as demais dimensões.

Meditação como técnica de busca da inteireza perdida

Para D'Assunpção (In: Brandão & Crema, 1991a, p. 55), a meditação "nada mais é do que todos os momentos vividos plena e conscientemente". No senso comum, meditação diz respeito ao exercício apenas do intelecto, ou ainda, a um aprofundamento em determinado assunto. Para outros, meditar será concentrar a mente; portanto, trata-se de um processo de concentração.

Para a holística, meditar é, antes de mais nada, viver o presente integralmente. Sem dúvida, é preciso concentração e até mesmo o esvaziamento da própria mente da grande quantidade de informações — muitas até desnecessárias! — que recebemos durante o dia. Meditar é estar todo inteiro, consciente do que está acontecendo a cada momento. A melhor meditação é, pois, viver a vida conscientemente. Isso requer método, força de vontade e muita disciplina, assim como ensinam os grandes mestres da meditação oriental.

Segundo D'Assunpção (In: Brandão & Crema, 1991a, p. 56), existem muitas técnicas que ensinam a meditar. Mas é preciso guardar bem os objetivos da meditação. Dentro dos objetivos de caráter terapêutico, estão: alcançar a calma dos pensamentos e das emoções; entrar em contato com o "eu" mais profundo, treinar a resistência às frustrações, diminuir a ansiedade; reabastecer o físico; o autoconhecimento; e a liberação da criatividade. Numa dimensão mais espiritual e religiosa, podemos dizer que a meditação é o caminho mais curto para chegar-se ao diálogo com o Transcendente. O Espírito só alcança as outras dimensões na medida em que elas estão abertas a ele. E isso não acontece por imposição. É preciso que a pessoa "abra" os planos corporal, emocional, racional, afetivo etc. Nesse caso, é necessário estar sempre atento ao princípio da sincronidade: mesmo que, aparentemente, somente o corpo esteja sendo trabalhado para abrir-se ao Espírito, na verdade é todo o ser que começa a ser movimentado para essa abertura querida e desejada. Por isso constata-se, em diversas experiências meditativas, que até mesmo a diminuição da dor física é conseguida mediante a meditação.

Contribuições da visão holística para o laboratório litúrgico

A contribuição da abordagem holística para o laboratório litúrgico é bastante recente. Segundo Buyst, seu estudo sobre a holística, nos últimos anos, desenvolve-se especialmente no contato com a literatura da Unipaz.[7] No entanto, enquanto holopráxis,[8] a influência da holística sobre a sua formação pessoal é antiga.[9]

Inicialmente, Buyst reconhece que a grande contribuição que a holística deu ao laboratório litúrgico não se refere propriamente à sua estrutura. É preferível pensar numa contribuição no nível da compreensão de ser humano e do alcance dessa compreensão para a técnica. De

---

[7] Universidade Internacional de Holística, dirigida pelo psicólogo Pierre Weill.

[8] Termo que designa a prática holística (ou da hololgia).

[9] Buyst descreve, em sua correspondência, que, desde criança, manteve contato com terapias naturalistas, como a hidroterapia, de Sebastião Kneipp.

qualquer forma, é possível reconhecer que a integração da visão holística na experiência prática do laboratório litúrgico confirmou e aprofundou algumas perspectivas já incorporadas na estrutura do laboratório litúrgico por meio de outras fontes.

Com relação à visão de ser humano proposta pela holística, Buyst lembra que sempre houve dificuldade em identificar o "terceiro elemento" dos três pontos de sua regra (gesto externo, sentido teológico e atitude afetiva). Havia certa confusão na medida em que o aspecto psíquico (alma, afetividade, emoção) era identificado como sendo espiritual.[10] Após o contato com a visão pluridimensional apresentada por Leloup,[11] tomou-se consciência da existência de um quarto elemento: o *pneuma*, o Espírito. Dessa forma, a pretendida harmonia entre o fazer, o pensar e o sentir seria, na verdade, o fruto do trabalho do Espírito. O *pneuma* seria, ao mesmo tempo, origem e ponto de chegada da harmonia dos outros três elementos.

No laboratório litúrgico, na medida em que se busca a harmonia entre os três elementos da ação ritual simbólica, é o *pneuma* o quarto elemento responsável pela harmonia, ao mesmo tempo que também é ele quem conduz a pessoa que realiza a ação ritual para a comunhão com o Transcendente, com Deus.

Portanto, assim como na visão holística a estruturação do todo (harmonia total) depende das relações congruentes e dinâmicas das partes, o laboratório litúrgico, enquanto experiência prática, confirma essa tese e conclui que a autenticidade da expressão ritual baseia-se na relação dinâmica e harmônica entre o fazer, o saber e o sentir, que correspondem, respectivamente, aos três elementos: gesto externo, sentido teológico-litúr-

---

[10] Essa "confusão" pode, também, ser entendida como dificuldade em perceber a *trans*-relacionalidade dos elementos. Ou seja: considerando o pressuposto holístico do todo-na-parte, o quarto elemento (*pneuma*) está realmente presente no terceiro (atitude interior), bem como está presente nos outros dois.

[11] Jean Yves Leloup é sacerdote ortodoxo, PhD em psicologia, terapeuta, presidente do Colégio Internacional dos Terapeutas, membro da Unipaz e autor de vários livros.

gico, atitude interior.¹² Conclui-se que o gesto corporal externo, realizado com o consciente sentido teológico-litúrgico que ele quer expressar e com sua correspondente atitude afetiva-emocional, cria uma relação tridimensional, que é harmonizada pelo quarto elemento, o *pneuma*. Por isso o princípio do todo-na-parte é experimentado na medida em que o gesto corporal é holograficamente a expressão da inteireza do ser, da harmonia de suas partes, quando, na verdade, trata-se apenas de um elemento.

Trata-se de um princípio que poderíamos chamar de *trans*-relacionalidade das dimensões do ser humano. Há uma mútua influência entre elas. Por isso, quando se está trabalhando a dimensão corporal (gesto externo) no laboratório litúrgico, não se pretende somente a busca de uma "*performance* exterior", o gesto feito com plasticidade superficial, ou como simples busca de um recurso teatral de comunicação. É algo mais denso e complexo. Busca-se a autenticidade perdida do gesto ritual.

Vale lembrar que, quando existe uma coerência entre o coração (interior) e o intelecto (hemisférios direito e esquerdo do cérebro), existe também, uma simultânea repercussão no emocional, no racional e, conseqüentemente, no espiritual. O laboratório litúrgico também vivencia essa mútua repercussão, principalmente na terceira etapa da sessão do laboratório litúrgico, a chamada experimentação ritual. Aí se concentram todos os esforços para conseguir-se atingir a unidade requerida a partir da repetição criativa do gesto ritual realizado com o corpo.

A proposta metodológica da transdisciplinaridade é outro elemento presente na experiência do laboratório litúrgico. Na visão transdisciplinar, evocada pela educação holística, existe a necessidade de manter-se um constante diálogo com as múltiplas abordagens do conhecimento. No laboratório litúrgico, esse tipo de consideração acontece de duas formas: a primeira diz respeito às fontes do laboratório litúrgico. Como já foi visto,

---

[12] Buyst sugere a mudança do termo "unidade" por "harmonia dos três pontos" para, justamente, lembrar o caráter dinâmico da experiência. O equilíbrio pretendido deve ser buscado não somente durante a ação ritual, mas constitui-se desafio para a vida toda.

o laboratório litúrgico é fruto de uma intuição que juntou a contribuição de várias bases teóricas e experimentais que abrangem desde a proposta pedagógico-religiosa de Lubienska até a influência de experiências específicas, como a biodança, laboratórios de teatro etc. Há, portanto, uma abertura na técnica para assumir novas perspectivas e novas contribuições que venham a favorecer a restituição da unidade do ser, tendo em vista o objetivo de alcançar-se a autenticidade ritual.

Uma segunda forma de perceber a transdisciplinaridade está expressa na segunda etapa do laboratório litúrgico, na etapa chamada sensibilização e improvisação. Nesse momento, os participantes, de forma criativa e improvisada, experimentam gestos do cotidiano diretamente ligados àqueles do rito litúrgico em estudo. Portanto, rompe-se a fronteira do ritual-litúrgico e inicia-se um diálogo com o ritual-existencial, possibilitando, assim, o resgate da unidade entre corpo, mente e coração, perceptível, de modo especial, nos gestos e atitudes do cotidiano popular.

Com relação aos sentimentos, a educação holística prevê a formação para o autoconhecimento e para sua autêntica expressão. Uma das questões mais delicadas para a liturgia cristã católica tradicional consiste justamente no trato com a dimensão emocional, que é inerente ao rito, mas que foi durante anos desconsiderada na prática ritual por ter sido identificada como dimensão oposta à razão. O laboratório litúrgico considera a atitude interior-afetiva-sentimental como componente da harmonia requerida para a vivência autêntica da ação ritual.

Estabelecidas essas relações, é possível perceber que a contribuição da visão holística para o laboratório litúrgico corresponde a uma ressignificação da dimensão intrínseca da ação ritual, do próprio rito. A visão holística oferece uma nova compreensão sobre o que acontece no nível da vivência ritual, ou seja, ela identifica dimensões do ser humano e estabelece relações mútuas entre elas, recolocando a dimensão espiritual em seu verdadeiro papel de elemento harmonizador. Portanto, ela sugere uma revisão no conceito mesmo de ritualidade.

Conclusão

Desde a sua concepção, este livro se propôs apresentar e sistematizar a experiência pioneira e original do laboratório litúrgico utilizado na educação para a ritualidade, esforçando-se para esclarecer suas fontes teórico-práticas e as influências de cada uma delas na concepção da proposta.

Inicialmente, o laboratório litúrgico era entendido apenas como um simples recurso técnico e didático para a formação litúrgica. Ao final, foi possível compreender o seu alcance e perceber nele uma proposta de resgate da integralidade do ser humano a partir da experiência ritual realizada com autenticidade. O laboratório litúrgico, portanto, extrapola uma função instrumental — como auxílio didático — e apresenta-se como meio pedagógico facilitador da recuperação da inteireza do ser humano, a partir da experiência ritual autêntica.

No entanto, para chegar-se à pretendida experiência ritual autêntica, faz-se necessário um itinerário educativo que, no trabalho, foi designado como "educação para a ritualidade", a qual, por sua vez, tem como objetivo favorecer a participação dos fiéis na experiência ritual, seja enquanto sujeitos ativos que executam os gestos, seja enquanto sujeitos passivos, na medida em que são favorecidos por outros que realizam a ação ritual.

A participação numa celebração litúrgica dá-se em vários níveis, conforme lembra a *Sacrosanctum concilium* (Concílio Vaticano II): ativa, exterior, interior, consciente, plena e frutuosa. A educação para a ritualidade precisa estar, portanto, atenta a esses vários níveis. No eixo central de cada nível — embora estejam interligados e sejam inseparáveis —, está a harmonia entre gesto corporal — com seu sentido teológico-litúrgico — e sua correspondente atitude interior.

Por trás de tudo isso, está o desejo de recuperar a liturgia como caminho de espiritualidade — dimensão fundamental e inerente ao ser humano. Essa, mesmo ultrapassando a dimensão somática, não a exclui. Corpo, mente, alma, espírito formam uma unidade e é por essa unidade que o ser humano pode ter acesso ao divino, ao Transcendente.

O laboratório litúrgico entende a busca dessa unidade como desafio e soube acolher de cada uma de suas fontes o necessário para tanto. A sua sistematização nesse trabalho repercutiu, porém, não somente no esclarecimento dos pressupostos teóricos e/ou práticos de cada fonte, assumidos no laboratório litúrgico, mas também apontou algumas propostas de ampliação dessa contribuição para a melhoria da própria técnica.

Sobre a primeira fonte, a proposta pedagógico-religiosa de Lubienska, pode-se afirmar que a grande influência e colaboração no laboratório litúrgico deu-se no nível do resgate do corpo no processo educativo, especialmente na educação para a ritualidade, em que ele aparece como indispensável. Num contexto histórico, em que o corpo era relegado a segundo plano, Lubienska, baseando-se em Montessori, recupera o estatuto do corpo e sugere uma nova postura pedagógica com relação a ele. Essa proposta, que a princípio era mais voltada à pedagogia religiosa, aos poucos vai assumindo dimensões mais amplas, até sugerir que a liturgia seja considerada modelo para as demais disciplinas, uma vez que é a única que envolve todo o ser em suas dimensões corporal, cognitiva e espiritual. Mais ainda: Lubienska vai buscar na Bíblia e na liturgia os fundamentos para propor o uso do corpo não somente como elemento a ser desenvolvido isoladamente, mas como dimensão do ser humano a ser considerada no processo de ensino–aprendizagem, tendo como pressuposto a primazia do espírito, que, em última análise, mantém seu primado sobre o corpo e sobre a mente.

Já a segunda fonte, o psicodrama, desempenhou um papel importante na concepção da estrutura da sessão do laboratório litúrgico. Além disso, ajudou a esclarecer a relação entre a ação ritual e o exercício da criatividade. Essa relação consiste num dos maiores desafios da vivência litúrgica das comunidades. Na reflexão específica do psicodrama pedagógico, foi possível recuperar a dimensão afetiva da experiência do laboratório litúrgico. Observou-se que a técnica mantém uma proposta clara de consideração das emoções na ação ritual. No entanto, o campo emocional ainda constitui um espaço desafiador para aqueles que aplicam o laboratório litúrgico.

Nesse sentido, emerge ainda a necessidade de uma ulterior pesquisa e aprofundamento sobre a formação do educador que utiliza o laboratório litúrgico em suas aulas. Os questionários, dirigidos durante a pesquisa a pessoas que participaram de sessões chamadas de laboratório litúrgico indicam a atuação de profissionais da área de liturgia que aplicam, sem muito conhecimento e critério, o laboratório litúrgico. Além disso, pela complexidade da proposta e pelo impacto causado pela experiência, seja em nível individual, seja em nível comunitário, o laboratório litúrgico requer uma formação específica para sua aplicação. Nesse caso, não bastará uma formação teológico-litúrgica. Será necessário um mínimo de conhecimento sobre as teorias e técnicas que compõem o laboratório litúrgico e, acima de tudo, será necessário estar apto para lidar com as várias reações que podem se desencadear a partir da vivência do laboratório litúrgico. Algumas experiências com o laboratório litúrgico, ao longo desses últimos anos, já se depararam com reações dos participantes que vão desde a rejeição à técnica até algumas condutas emocionais desequilibradas, fruto da tomada de consciência dos próprios limites nesse campo. É preciso, pois, saber intervir em situações como essas para que o laboratório litúrgico não se transforme numa experiência desintegradora, em vez de cumprir sua função de técnica a serviço da harmonia do ser.

Diante disso, sugerimos que haja uma equipe multidisciplinar de estudo e aplicação do laboratório litúrgico. Ou que, pelo menos, essa mesma equipe se responsabilize por elaborar e assessorar um programa de formação específica básica e de atualização dos que irão se utilizar do laboratório litúrgico.

Outro grande desafio para a experiência ritual de tradição católica é o de devolver à comunidade celebrante a possibilidade de expressar-se e participar, ritualmente, de forma plena, ou seja, envolvendo todo o ser e suas dimensões na ação ritual. Sobre séculos de exclusão e desconsideração do corpo na expressão ritual, o laboratório litúrgico vem em auxílio desse processo de recuperação do corpo, associado às outras dimensões do ser humano: intelecto, emoção, espiritualidade. Essa compreensão mais completa do ser, trazida como contribuição da visão holística do ser humano, preencheu uma grande lacuna na proposta do laboratório litúrgico, que até pouco tempo mostrava dificuldade em definir alguns de seus elementos, como a dimensão interior-afetiva-emocional.

A pluralidade de fontes que influenciaram a concepção do laboratório litúrgico fez com que o trabalho optasse pelas três mais significativas. Fica, portanto, a necessidade de um posterior aprofundamento sobre as demais influências que o laboratório litúrgico recebeu ao longo de sua concepção e experimentação. Dentre elas, destacam-se: a biodança, as técnicas de terapias corporais orientais, fonoaudiologia, cinesiologia, teatro–dança, mímica etc.

Concluído esse primeiro trabalho de sistematização da experiência, sugere-se, também, a necessidade de uma pesquisa de tipo etnográfica para melhor detectar o alcance e o impacto da proposta do laboratório litúrgico nos ambientes onde ele é utilizado, possibilitando uma visão mais clara sobre o desenvolvimento da vida litúrgica das comunidades, a partir da sondagem de como os participantes acolhem a proposta, como se sentem, como a avaliam. O trabalho aqui apresentado, porém, limitou-se a descrever e sistematizar, com base bibliográfica e documental, a técnica do laboratório litúrgico.

Ao concluir este trabalho, sentimos a necessidade de afirmar o nosso compromisso com uma liturgia cada vez mais próxima do ser humano e mais reveladora do mistério divino. Que o gesto todo divino da doação de Deus Todo-Inteiro seja o suficiente para nós, na totalidade de nossa vida, para que, alcançando a nossa inteireza perdida, estejamos todos, profundamente, inseridos na verdade e na comunhão com os outros e com o Grande Outro.

Bibliografia

ALMEIDA, Wilson Castelo de. *Moreno*: encontro existencial com as psicoterapias. São Paulo, Ágora, 1991.

AVELAR, Gersolina A. *O pensamento educacional de Lubienska e sua influência na educação brasileira*. Dissertação de mestrado apresentada na Faculdade de Educação da PUC-SP, 1978.

AZEVEDO, Murilo Nunes. Hinduísmo, budismo e sufismo: uma convergência. In: BRANDÃO, Dênis M. S. & CREMA, Roberto (orgs.). *O novo paradigma holístico*: ciência, filosofia, arte e mística. São Paulo, Summus, 1991.

BERGSON, Henri. *Cartas, conferências e outros escritos*. Trad. Franklin Leopoldo e Silva e Nathanael Caxeiro. São Paulo, Abril Cultural, 1979. Col. Os pensadores.

BLATNER, Adam & BLATNER, Alee. *Uma visão global do psicodrama*: fundamentos históricos, teóricos e práticos. São Paulo, Ágora, 1996.

BOFF, Leonardo. *Ecologia, mundialização, espiritualidade*: a emergência de um novo paradigma. São Paulo, Ática, 1993.

BRANDÃO, Dênis M. S. & CREMA, Roberto (orgs.). *O novo paradigma holístico*: ciência, filosofia, arte e mística. 2. ed. São Paulo, Summus, 1991a.

_____. *Visão holística em psicologia e educação*. 2. ed. São Paulo, Summus, 1991b.

BUSTOS, Dalmiro. *¿Qué ès el psicodrama?* Capturado em 1. 3. 2000 em: <http://www.jlmoreno.com/psico.htm>.

BUYST, Ione (org.). Liturgia, corpo e comunicação. *Revista de Liturgia*, São Paulo, Pias Discípulas, n. 51, pp. 14-19, maio-jun./1992.

_____. Curso de conscientização do corpo na liturgia. *Revista de Liturgia*, São Paulo, Pias Discípulas, n. 101, p. 106ss., set.-out./1993.

_____. *Pesquisa em liturgia*: relato e análise de uma experiência. São Paulo, Paulinas, 1994.

_____. Laboratório litúrgico: corpo na liturgia. In: *Curso de especialização em liturgia*. São Paulo, Paulus, 1995. Col. Cadernos de Liturgia, 4.

_____. *Símbolos na liturgia*. São Paulo, Paulinas, 1998.

_____ & SILVA, José Ariovaldo (orgs.). *Curso de especialização em liturgia*. São Paulo, Paulus, 1995. Col. Cadernos de Liturgia, 4.

CAPRA, Fritjof. *Ponto de mutação*. São Paulo, Cultrix, 1995.

CARDOSO, Clodoaldo M. *A canção da inteireza*: uma visão holística da educação. São Paulo, Summus, 1995.

CENTRO DE LITURGIA. *Formação litúrgica. Como fazer?* São Paulo, Paulus, 1994b. Col. Cadernos de Liturgia, 3.

CORBON, Jean. *Liturgia de fonte.* São Paulo, Paulus, 1981.

COSTA, Wedja Granja. *Socionomia como expressão de vida. Um modelo de sistematização da teoria de Moreno.* Fortaleza, FEPSB, 1996.

CREMA, Roberto. *Introdução à visão holística.* 5. ed. São Paulo, Summus, 1988.

DHAVAMONY, Mariasusai. *Teologia delle religioni.* Milão, San Paolo, 1997.

DÜRCKHEIM, Karlfried Graf von. *O culto japonês da tranqüilidade.* São Paulo, Cultrix, [s.d.]. Original: *Japan und Kultur der Stille.* Otto Barth Verlag, 1975.

DURKHEIM, Emmile. *Les formes élémentaires de la vie religieuse.* Paris, PUF, 1980.

FAVA, Stela R. de S. Os conceitos de espontaneidade e tele na educação. In: *Ações educativas: Vivências com psicodrama na prática pedagógica.* São Paulo, Ágora, 1997.

FREIRE, João B. *De corpo e alma – O discurso da motricidade.* 2. ed. São Paulo, Summus, 1991.

GAIARSA, José A. *O que é o corpo?* 4. ed. São Paulo, Brasiliense, 1991.

GUTIERREZ, Francisco & ROJAS, Cruz Prado. *Ecopedagogia e cidadania planetária.* São Paulo, Cortez, 1999.

KELLERMANN, Peter F. *O psicodrama em foco e seus aspectos terapêuticos.* São Paulo, Ágora, 1988.

LELOUP, Jean Yves. *Caminhos da realização.* 8. ed. Petrópolis, Vozes, 1999a.

_____ & BOFF, Leonardo. *Terapeutas do deserto:* de Fílon de Alexandria e Francisco de Assis a Graf Dürckheim. 4. ed. Petrópolis, Vozes, 1999b.

_____ & HENNEZEL, Marie de. *A arte de morrer – Tradições religiosas e espiritualidade humanista diante da morte na atualidade.* 2. ed. Petrópolis, Vozes, 1999c.

LIMA, Lise Mary A. (org.). *O espírito na saúde.* 4. ed. Petrópolis, Vozes, 1999.

LUBIENSKA DE LENVAL, Hélène. *L'attention a Dieu. L'evil de Nice et des Alpes Maritimes.* Paris, 1941.

_____. *La methode Montessori:* esprit et téchnique. Paris, Spes, 1946.

_____. *Entraînement a l'attention.* Paris, Spes, 1948a.

_____. *L'education de l'homme conscient.* Paris, Spes, 1948b.

_____. *Éducation biblique:* les plus peaux textes de la Bible. Paris, L'Elan, 1949a.

_____. *L'education du sens religieux.* Paris, Spes, 1949b.

_____. *Le silence. A l'ombre de la parole.* Tournay-Paris, Casterman et de Maredours, 1954.

_____. *La liturgie du geste.* In: *Bible et vie chretienne.* 2. ed. Bélgica, Maredsous, 1957.

LUBIENSKA DE LENVAL, Hélène. *Trêve de Dieu*. Tournai, Casterman, 1959a.

_____. *Silêncio, gestos e palavras*. Lisboa, Aster, 1959b.

_____. *O universo bíblico em que vivemos*. Trad. Valeriano de Oliveira. São Paulo, Flamboyant, 1962a.

_____. *A trégua de Deus*. Trad. Valeriano de Oliveira. São Paulo, Flamboyant, 1962b.

_____. *A educação religiosa das crianças*. Trad. Religiosas da Companhia das Virgens. São Paulo, Flamboyant, 1963.

_____. *L' education du sens liturgique*. Paris, Cerf, 1964.

_____. *Pedagogie sacrée*. Paris, Desclée de Brouwer, 1966.

_____. *As liturgias orientais*. São Paulo, Paulinas, 1967.

_____. *A educação do homem consciente*. Trad. Valeriano de Oliveira. 2. ed. São Paulo, Flamboyant, 19--.

MARITAIN, Jean. *Pour une philosophie de l'education*. Paris, Fayard, 1959.

_____. *Umanesimo integrale*. Turin, Borla, 1963.

MARSILI, S. Liturgia. *Dicionário de liturgia*. São Paulo, Paulus, 1992.

MARTÍN, Julian López. *No espírito e na verdade – Introdução antropológica à liturgia*. Petrópolis, Vozes, 1997. 2 vv.

MENEGAZZO, Carlos M. *Magia, mito e psicodrama*. São Paulo, Ágora, 1994.

_____ et al. *Dicionário de psicodrama e sociodrama*. São Paulo, Ágora, 1995.

METZGER, Marcel. Liturgia e cosmos. *Concilium*, Petrópolis, Vozes, n. 259, pp. 65-73, 1995.

MONTESSORI, Maria. *La vita in Cristo*. Roma, Garzanti, 1949.

_____. *Formazione dell'uomo*. 3. ed. Roma, Garzanti, 1950.

_____. *L' éducation religieuse: la vie em Jesus Christ*. Trad. Georgette J. Bernard e Anne M. Bernard. Paris, Desclée de Brouwer, 1956.

_____. *Pedagogia científica*. São Paulo, Flamboyant, 1965.

MORENO, Jacob Levy. *Psicodrama*. São Paulo, Cultrix, 1978.

_____. *Fundamentos do psicodrama*. São Paulo, Summus, 1983.

_____. *O teatro da espontaneidade*. São Paulo, Summus, 1984.

_____. *Quem sobreviverá? Fundamentos da sociometria, psicoterapia de grupo e sociodrama*. Goiânia, Dimensão, 1992. 3 vv.

_____. *J. L. Moreno: autobiografia*. São Paulo, Saraiva, 1997.

_____. *A religião do Deus Pai*. Apostila fotocopiada, [s.d.], enviada por Wedja G. Costa.

NEYRET, Madeleine. *Hélène Lubienska de Lenval:* pour une pédagogie de la personne. Paris, Lethielleux, 1994.

ORMONDE, Domingos. Laboratório litúrgico: o que é, como se faz, por quê? In: *Formação litúrgica:* como fazer? São Paulo, Paulus, 1994. Col. Cadernos de Liturgia, 4.

PASSOS, Laurizete Ferragut. *A representação e a prática pedagógica do professor de didática da habilitação específica para o magistério.* Tese de doutorado em Educação apresentada na Unicamp, 1991

PAVAN, Carla. La pedagogie religieuse d'Hélènne Lubienska. In: *Orientamenti pedagogici.* Roma, 1971.

PELIZZOLI, M. L. *A emergência do paradigma ecológico:* reflexões ético-filosóficas para o século 21. Petrópolis, Vozes, 1999.

PUTTINI, Escolástica Furnari. *Psicodrama na educação.* Ijuí, Unijuí, 1991.

_____. Psicodrama pedagógico: considerações sobre a produção do conhecimento na escola. In: *Ações educativas:* vivências com psicodrama na prática pedagógica. São Paulo, Ágora, 1997.

ROJAS-BERMUDEZ, Jaime G. *Introdução ao psicodrama.* São Paulo, Mestre Jou, 1970.

ROMAÑA, Maria Alicia. *Psicodrama pedagógico:* método educacional psicodramático. Campinas, Papirus, 1985.

_____. *Construção coletiva do conhecimento a partir do psicodrama.* Campinas, Papirus, 1992.

_____. *Do psicodrama pedagógico à pedagogia do drama.* São Paulo, Papirus, 1996.

SAHI, Jyoty. O corpo em busca de interioridade. *Concilium*, Petrópolis, Vozes, n. 259, pp. 120-129, 1995.

SÉGUY, Jean. Rationnel et émotionnel dans la pratique liturgique catholique. Un modèle théorique. *Maison-Dieu*, n. 129, pp. 73-92, 1977.

SHÜTZENBERGER, Ann Ancelin. *O teatro da vida:* psicodrama – Introdução aos aspectos técnicos. São Paulo, Duas Cidades, 1970.

SIQUEIRA, Maria Luiza Neto. *Educação e gênero:* uma leitura psicodramática. Tese de doutorado em Educação apresentada na Unicamp, 1999.

TALBOT, Michael. *O universo holográfico.* Trad. Maria de Fátima S. M. Marques. São Paulo, Best Seller, 1991.

TURNER, V. *The ritual process.* Chicago, Aldine, 1969.

_____. Ritual, tribal and catholic. *Worship* 50/6, 1976.

WEILL, Pierre. *Nova linguagem holística.* Rio de Janeiro, Espaço e Tempo, 1987.

_____ (org.). *Rumo à nova transdisciplinaridade – Sistemas abertos de conhecimento.* 2. ed. São Paulo, Summus, 1993.

WILBER, Ken. *The holographic paradigm and other paradoxes.* Boulder, Shmbhala, 1984.

CADASTRE-SE

www.paulinas.org.br

para receber informações sobre nossas novidades na sua área de interesse:

- Adolescentes e Jovens • Bíblia
- Biografias • Catequese
- Ciências da religião • Comunicação
- Espiritualidade • Educação • Ética
- Família • História da Igreja e Liturgia
- Mariologia • Mensagens • Psicologia
- Recursos Pedagógicos • Sociologia e Teologia.

Telemarketing 0800 7010081

Impresso na gráfica da
Pia Sociedade Filhas de São Paulo
Via Raposo Tavares, km 19,145
05577-300 - São Paulo, SP - Brasil - 2006